찬미받으소서

〈개정판〉

찬미받으소서
〈개정판〉

공동의 집을 돌보는 것에 관한
프란치스코 교황 성하의 회칙

CBCK ✠ 한국천주교주교회의·한국천주교중앙협의회
CATHOLIC BISHOPS' CONFERENCE OF KOREA

LAUDATO SI'

© Copyright 2015 – Libreria Editrice Vaticana.

찬미받으소서
공동의 집을 돌보는 것에 관한 회칙
〈개정판〉

제1판 1쇄 발행 2015년 9월 1일
제2판 1쇄 발행 2021년 5월 14일
제2판 17쇄 발행 2025년 4월 7일
발행인 이 용 훈
발행소 한국천주교중앙협의회
04918 서울시 광진구 면목로 74
전 화 02-460-7582~3
팩 스 02-460-7585
은행 지로 3001734
https://www.cbck.or.kr
e-mail: sales@cbck.or.kr
등 록 1957년 7월 28일 제2-109호
© 한국천주교중앙협의회, 2021.

정 가 6,000원

ISBN 978-89-7228-696-7 03230

LETTERA ENCICLICA
LAUDATO SI'

DEL SANTO PADRE
FRANCESCO

SULLA CURA DELLA CASA COMUNE

차 례

Giotto di Bondone

1.　　**찬미받으소서(LAUDATO SI').** 프란치스코 성인은 "**저의 주님, 찬미받으소서.**"라고 노래하였습니다. 아시시의 프란치스코 성인은 이 아름다운 찬가에서 우리의 공동의 집이 우리와 함께 삶을 나누는 누이며 두 팔 벌려 우리를 품어 주는 아름다운 어머니와 같다는 것을 상기시켜 줍니다. "저의 주님, 찬미받으소서. 누이며 어머니인 대지로 찬미받으소서. 저희를 돌보며 지켜 주는 대지는 온갖 과일과 색색의 꽃과 풀들을 자라게 하나이다."[1]

2.　　이 누이가 지금 울부짖고 있습니다. 하느님께서 지구에 선사하신 재화들이 우리의 무책임한 이용과 남용으로 손상을 입었기 때문입니다. 우리는 지구를 마음대로 약탈할 권리가 부여된 주인과 소유주를 자처하기에 이르렀습니다. 죄로 상처 입은 우리 마음에 존재하는 폭력은 흙과 물과 공기와 모든 생명체의 병리 증상에도

---

1. 피조물의 찬가(역자 주: '태양의 찬가'로도 불림.), 『프란치스코 전집』(*Fonti Francescane*: 이하 *FF*), 263.

드러나 있습니다. 이러한 이유로 억압받고 황폐해진 땅도 가장 버림받고 혹사당하는 불쌍한 존재가 되었습니다. 땅은 "탄식하며 진통을 겪고"(로마 8,22) 있습니다. 우리는 자신이 흙의 먼지라는 사실을 잊었습니다(창세 2,7 참조). 우리의 몸은 지구의 성분들로 이루어져 있으며 우리는 그 공기를 마시며 지구의 물로 생명과 생기를 얻습니다.

이 세상의 그 어떤 것도 우리와 무관하지 않습니다

3.   50여 년 전에 세계가 핵 위기의 벼랑 끝으로 내몰리던 무렵 성 요한 23세 교황께서는 전쟁 반대에서 한걸음 더 나아가 평화를 제안하는 회칙을 반포하셨습니다. 교황께서는 "가톨릭 세계"뿐 아니라 "선의의 모든 사람"을 대상으로 회칙 「지상의 평화」(Pacem in Terris)를 발표하셨습니다. 이제 우리가 세계적인 환경 악화에 당면하였기에 저는 이 지구에 살고 있는 모든 이를 대상으로 말씀드리고 싶습니다. 저는 교회의 모든 구성원에게 지속적인 선교 쇄신을 촉구하고자 교황 권고 「복음의 기쁨」(Evangelii Gaudium)을 썼습니다. 이제 저는 특별히 우리의 공동의 집에 관하여 모든 이와 대화를 나누고자 이 회칙을 씁니다.

4.   「지상의 평화」가 발표되고 8년이 지난 1971년, 복자 바오로 6세 교황께서는 생태 문제가 무절제한 인간 행위의 "비극적 결과"라고 말씀하셨습니다. "자연을 불법 사용함으로써 자연을 파괴할 위험에 직면하고 인간 스스로가 도리어 이런 타락의 희생물

이 될 위험도 없지 않음을 느끼게 되었습니다."[2] 또한 바오로 6세 교황께서는 국제 연합 식량 농업 기구에도 "산업 문명의 역효과에 따른 생태적 재난"의 가능성에 대하여 비슷한 어조로 말씀하셨습니다. 그리고 "가장 뛰어난 과학적 발전, 가장 놀라운 기술 능력, 가장 엄청난 경제 성장은 참다운 사회적 도덕적 발전과 함께 이루어지지 않는다면 결국 인간을 대적하게 될" 것이므로 "인간 행위의 근본적인 변화가 긴급하게 필요하다."[3]는 점을 강조하셨습니다.

5. 　　성 요한 바오로 2세 교황께서는 이 문제에 점점 더 많은 관심을 보이셨습니다. 당신의 첫 회칙에서 인간이 자주 "자연환경을 놓고서 즉각적 이용과 소비에 유익한 것 말고는 다른 의미를 발견하지 못하는 듯"[4] 보인다고 경고하셨습니다. 나중에 교황께서는 세계적인 **생태적 회개**를 요청하셨습니다.[5] 또한 "**참다운 인간 생태론**의 윤리적 환경을 보호하려는"[6] 노력이 제대로 이루어지지 않았음을 지적하셨습니다. 하느님께서 우리 인간에게 세상을 맡기셨기 때문만이 아니라 인간 생명 자체가 많은 타락으로부터 보호되어야 하

---

2. 바오로 6세, 교황 교서 「팔십주년」(*Octogesima Adveniens*), 1971.5.14., 21항, 『교회와 사회』, 한국천주교중앙협의회, 2003(제1판 2쇄), 『사도좌 관보』(*Acta Apostolicae Sedis: AAS*) 63(1971), 416-417면.
3. 바오로 6세, 국제 연합 식량 농업 기구(FAO) 설립 25주년을 맞이하여 한 연설, 1970.11.16., 4항, *AAS* 62(1970), 833면.
4. 요한 바오로 2세, 회칙 「인간의 구원자」(*Redemptor Hominis*), 1979.3.4., 한국천주교중앙협의회, 2001(제2판 1쇄), 15항, *AAS* 71(1979), 287면.
5. 요한 바오로 2세, 「교리 교육」(*Catechesis*), 2001.1.17., 4항, 『요한 바오로 2세의 가르침』(*Insegnamenti di Giovanni Paolo II*), 41/1(2001), 179 참조.
6. 요한 바오로 2세, 회칙 「백주년」(*Centesimus Annus*), 1991.5.1., 38항, 『교회와 사회』, 한국천주교중앙협의회, *AAS* 83(1991), 841면 참조.

는 선물이기에 인간 환경의 파괴는 매우 심각한 문제가 됩니다. 우리의 세상을 보호하고 증진하려는 모든 노력은 "생활 양식, 생산과 소비 양식 그리고 오늘날 사회를 다스리는, 이미 확립된 권력 구조의 변화를 요청합니다."[7] 참다운 인간 발전에는 도덕적 특성이 있습니다. 이는 인간에 대한 온전한 존중을 전제로 하지만 우리를 둘러싼 세상에 대해서도 관심을 기울여야 합니다. 또한 "우리는 각 사물의 본성과 그것이 질서 있는 체제, 정확하게 말해서 '우주'에서 차지하는 상호 연관을 고려하지 않으면 안 됩니다."[8] 그러므로 현실을 변화시키는 인간의 능력은 하느님께서 최초로 주신 본래의 선물을 바탕으로 발전되어야 합니다.[9]

6.　　저의 전임자이신 베네딕토 16세 교황께서도 "세계 경제의 역기능의 구조적 원인을 제거하고, 환경 존중을 보장할 수 없는 것으로 드러난 성장 모델의 수정"[10]을 제안하셨습니다. 베네딕토 16세 교황께서는 세상을 그 일부 요소들만 따로 떼어 분석할 수 없다고 보셨습니다. "자연이라는 책은 하나이고 나눌 수 없는 것으로" 환경, 생명, 성, 가정, 사회관계를 포함하고 있습니다. 그래서 "자연 훼손은 실제로 인간 공존을 실현하는 문화와 긴밀히 관련"[11]된다는 결론이 나옵

---

7. 「백주년」, 58항.
8. 요한 바오로 2세, 회칙 「사회적 관심」(*Sollicitudo Rei Socialis*), 1987.12.30., 34항, 『교회와 사회』, 한국천주교중앙협의회, *AAS* 80(1988), 559면.
9. 「백주년」, 37항 참조.
10. 베네딕토 16세, 교황청 외교 사절들에게 한 연설, 2007.1.8., *AAS* 99(2007), 73면.
11. 베네딕토 16세, 회칙 「진리 안의 사랑」(*Caritas in Veritate*), 2009.6.29., 한국천주교중앙협의회, 2013(제1판 4쇄), 51항, *AAS* 101(2009), 687면.

니다. 베네딕토 16세 교황께서는 우리가 무책임한 행동으로 자연환경을 심각하게 훼손시킨 사실을 인정할 것을 요청하셨습니다. 사회 환경도 해를 입었습니다. 자연환경과 사회 환경의 훼손은 모두 궁극적으로 동일한 악 때문에 발생하였습니다. 이 악은 바로 우리의 삶을 이끌 만한 논란의 여지가 없는 진리가 존재하지 않기에 인간의 자유는 무한하다는 생각입니다. 우리는 다음과 같은 사실을 잊었습니다. "인간은 스스로 만들 수 있는 자유가 아닙니다. 인간은 자신을 창조하지 않습니다. 인간에게는 정신과 의지뿐 아니라 본성도 있습니다."[12] 아버지다운 마음으로 베네딕토 16세 교황께서는 피조물이 손상을 입는다는 사실을 인식하라고 우리에게 촉구하셨습니다. 곧 "우리 자신이 최종 결정을 내리고 모든 것을 그저 우리의 소유물로 여겨 우리 자신만을 위하여 사용한다면" 피조물이 손상을 입게 되는 것입니다. 그리고 "우리가 우리 자신보다 더 높은 법정이 있다는 것을 더 이상 인식하지 못하고 우리 자신 이외에 아무것도 보지 못한다면 피조물의 착취가 시작됩니다."[13]

동일한 관심을 통한 일치

7.   교황들의 이러한 말씀들은 많은 과학자들, 철학자들, 신학자들과 시민 단체들, 그리고 이 문제와 관련하여 교회의 사유를

---

12. 베네딕토 16세, 독일 연방 회의에서 한 연설, 베를린, 2011.9.22., *AAS* 103(2011), 664면.
13. 베네딕토 16세, 볼차노-브레사노네 교구 성직자들에게 한 연설, 2008.8.6., *AAS* 100(2008), 634면.

풍요하게 해 준 모든 이의 성찰을 반영하고 있습니다. 가톨릭 교회 밖의 다른 교회와 교회 공동체와 다른 종교들도 깊은 우려를 나타내며 우리 모두를 어지럽히는 문제들에 관한 소중한 성찰을 하였습니다. 한 가지 좋은 예로, 제가 온전한 교회 친교의 희망을 나누고 있는 존경하는 바르톨로메오 총대주교의 말씀을 간단히 인용하고 싶습니다.

8.　　바르톨로메오 총대주교께서는 특히 우리 모두가 각자의 방식으로 지구를 해친 것을 회개할 필요를 언급하셨습니다. "우리 모두가 작은 생태적 피해를 일으키면" 우리가 "크든 작든 피조물의 변형과 파괴를 야기한다는"[14] 사실을 인식하도록 요청받기 때문입니다. 총대주교께서는 강하고 설득력 있는 어조로 이를 되풀이하여 말씀하시며 우리가 피조물에게 저지른 죄를 인정할 것을 촉구하셨습니다. "인간이 하느님 피조물의 생물 다양성을 파괴하고 기후 변화를 일으켜 지구의 본디 모습(integrity)에 손상을 입히고, 자연 삼림과 습지를 파괴하며, 지구의 물, 흙, 공기, 생명을 오염시키는 것은 모두 죄가 됩니다."[15] "자연 세계에 저지른 죄는 우리 자신과 하느님을 거슬러 저지른 죄"[16]이기 때문입니다.

---

14. 바르톨로메오 총대주교, 피조물 보호를 위한 기도의 날 담화, 2012.9.1.
15. 바르톨로메오 총대주교, 미국 캘리포니아주 산타 바바라시에서 한 연설, 1997.11.8.; 참조: 크리세브지스(John Chryssavgis), 『하늘에서와 같이 땅에서도: 바르톨로메오 총대주교의 생태적 시각과 계획』(*On Earth as in Heaven: Ecological Vision and Initiatives of Ecumenical Patriarch Bartholomew*), 뉴욕 브롱크스, 2012.
16. 바르톨로메오 총대주교, 미국 캘리포니아주 산타 바바라시에서 한 연설, 1997.11.8.

9.   또한 바르톨로메오 총대주교께서는 환경 문제의 윤리적 영적 근원에 대한 주의를 환기시키셨습니다. 이는 우리가 기술만이 아니라 인간의 변화에서 해결책을 찾도록 요구합니다. 그렇지 않으면 우리는 그저 증상만을 다루게 됩니다. 총대주교께서는 우리가 소비 대신 희생을, 탐욕 대신 관용을, 낭비 대신 나눔의 정신을 "단순한 포기가 아니라 주는 법을 배우는 것을 의미하는" 금욕주의로 실천할 것을 요청하십니다. "이는 사랑의 방법, 점차로 내가 바라는 것에서 벗어나 하느님의 세상에 필요한 것으로 나아가는 방법입니다. 이는 공포와 욕망과 충동에서 해방되는 것입니다."[17] 그리스도인으로서 우리는 또한 "세상을 세계적인 차원에서 하느님과 우리 이웃과 함께 나누는 방법인 친교의 성사로 받아들이도록" 부르심을 받습니다. "우리는 신성한 것과 인간적인 것이 하느님 창조의 흠 없는 외투의 가장 작은 부분, 나아가 우리 지구의 가장 작은 먼지 알갱이에서도 서로 만나게 된다고 겸손하게 확신합니다."[18]

아시시의 프란치스코 성인

10.   저는 매력적이고 감탄을 자아내는 한 인물을 언급하지 않고서는 이 회칙을 쓰고 싶지 않습니다. 로마 주교로 선출되면서 저는 그분의 이름을 저의 길잡이요 영감으로 삼았습니다. 저는 아시

---

17. 바르톨로메오 총대주교, 노르웨이 우트슈타인 수도원에서 한 강의, 2003.6.23.
18. 바르톨로메오 총대주교, 이스탄불 할키 제1차 정상 회담 폐막 인사, '세계적 책임과 생태적 지속 가능성'(*Global Responsibility and Ecological Sustainability*), 2012.6.20.

시의 프란치스코 성인이 취약한 이들을 돌보고 통합 생태론을 기쁘고 참되게 실천한 가장 훌륭한 모범이라고 생각합니다. 프란치스코 성인은 생태 분야에서 연구하고 활동하는 모든 이의 수호성인으로 비그리스도인들의 사랑도 많이 받고 있습니다. 그는 하느님의 피조물과 가난한 이들과 버림받은 이들에게 특별한 관심을 보였습니다. 그는 사랑을 하였고, 또한 기쁨, 관대한 헌신, 열린 마음을 지녔기에 큰 사랑을 받았습니다. 그는 하느님과 이웃과 자연과 자기 자신과 멋진 조화를 이루며 소박하게 살았던 신비주의자이며 순례자입니다. 그는 자연 보호, 가난한 이들을 위한 정의, 사회적 헌신, 내적 평화가 어떠한 불가분의 유대를 맺고 있는지를 보여 줍니다.

11. 프란치스코 성인은 통합 생태론이 수학과 생물학의 언어를 초월하는 범주에 대한 개방성을 요청하고 인간다움의 핵심으로 우리를 이끈다는 사실을 우리에게 알려 줍니다. 우리가 누군가와 사랑에 빠질 때와 마찬가지로, 프란치스코 성인은 해와 달 또는 가장 작은 동물들을 바라볼 때마다 모든 피조물과 함께 찬미하며 벅찬 노래를 불렀습니다. 성인은 모든 피조물과 대화를 나누고 심지어 꽃 앞에서 설교하며 "꽃이 마치 이성을 지닌 듯 주님을 찬미하도록"[19] 초대하였습니다. 자신을 둘러싼 세상에 대한 그의 반응은 지적 평가나 경제적 계산을 훨씬 뛰어넘는 것이었습니다. 그에게 모든 피조물은 사랑의 유대로 자신과 하나 되는 누이였습니다. 그래

---

19. 첼라노의 토마스, '프란치스코 성인의 생애 1'(*Vita Prima di San Francesco*), XXIX, 81, *FF* 460.

서 성인은 존재하는 모든 것을 돌보아야 한다는 소명을 느낀 것입니다. 그의 제자인 보나벤투라 성인은 다음과 같이 말하였습니다. "그는 만물의 공통 원천에 관한 성찰로 더 큰 경외심에 가득 차 아무리 작은 피조물이라도 '형제'나 '누이'로 부르고는 하였습니다."[20] 그러한 확신은 우리의 행동을 결정하는 선택에 영향을 주기에 순진한 낭만주의로 폄훼될 수 없습니다. 우리가 자연과 환경에 접근하면서 이러한 경탄과 경이에 열려 있지 못하고, 세상과의 관계에서 더 이상 형제애와 아름다움의 언어로 말하지 않는다면 우리는 즉각적 욕구를 주체하지 못하는 지배자, 소비자, 무자비한 착취자의 태도를 취하게 될 것입니다. 이와는 반대로 우리가 존재하는 모든 것과 내밀한 일치를 느낀다면 절제와 배려가 곧바로 샘솟게 될 것입니다. 프란치스코 성인의 청빈과 검소는 피상적인 금욕주의가 아니라 좀 더 근본적인 것입니다. 곧 실재를 단지 이용하고 지배하는 대상으로 삼는 것을 단념하는 것입니다.

12. 더 나아가 성경에 충실한 프란치스코 성인은 하느님께서 우리에게 말씀하시며 당신의 무한한 아름다움과 선함을 들여다볼 수 있게 해 주는 놀라운 책으로 자연을 받아들이도록 권유합니다. "피조물의 웅대함과 아름다움으로 미루어 보아 그 창조자를 알 수 있습니다"(지혜 13,5). 확실히 "세상이 창조된 때부터 …… 그분의 영원한 힘과 신성을 조물을 통하여 알아보고 깨달을 수 있게 되었습니다"(로마 1,20 참조). 이러한 이유로 프란치스코 성인은 수도원 정원의 일부

---

20. 보나벤투라, '프란치스코 성인의 주요 전설'(*Legenda Major*), Ⅷ, 6, *FF* 1145.

를 언제나 손대지 않은 상태로 놓아두어 거기에 들꽃과 목초가 자라게 하였습니다. 그래서 그것을 본 사람들이 그러한 아름다움의 창조주이신 하느님을 찬미하게 한 것입니다.[21] 세상은 해결해야 할 문제 이상의 것으로, 감사와 찬미로 관상해야 하는 기쁜 신비입니다.

저의 호소

13. 　우리의 공동의 집을 보호해야 하는 긴급한 과제에는 모든 인류 가족이 지속 가능하고 통합적 발전을 추구하는 데에 하나 되도록 하는 일도 포함됩니다. 상황이 변할 수 있다는 것을 우리는 알고 있기 때문입니다. 창조주께서는 우리를 저버리지 않으십니다. 창조주께서는 사랑의 계획을 결코 포기하지 않으시고 우리를 창조하신 것을 후회하지 않으십니다. 인류는 여전히 우리의 공동의 집을 건설하는 데에 협력할 능력이 있습니다. 여기에서 저는 우리의 공동의 집의 보호를 보장하려는 수많은 방법으로 노력하는 이들을 인정하고 격려하며 감사를 드리고 싶습니다. 세상에서 가장 가난한 이들의 삶에 끼치는 환경 파괴의 비극적 영향을 해결하고자 쉼 없이 노력하는 이들에게 특별한 감사를 드립니다. 젊은이들은 변화를 요구합니다. 그들은 그 누구라도 환경 위기와 배척당한 이들의 고통을 생각하지 않고서 어떻게 더 나은 미래의 건설을 내세울 수 있는지 의문스러워합니다.

---

21. 첼라노의 토마스, '프란치스코 성인의 생애 2'(*Vita Seconda di San Francesco*), CXXIV, 165, *FF* 750 참조.

14. 그래서 저는 우리 지구의 미래를 어떻게 건설할 것인지에 관하여 새롭게 대화를 나눌 것을 긴급하게 호소합니다. 모든 이가 참여하는 대화가 필요합니다. 우리가 당면한 환경 문제와 인간이 일으킨 그 근원은 우리 모두에게 관련이 있고 영향을 미치기 때문입니다. 세계적인 생태 운동은 이미 오랫동안 발전을 이루어 이 문제에 대한 경각심을 불러일으키는 여러 단체가 수립되었습니다. 유감스럽게도 환경 위기에 대한 구체적 해결책을 찾으려는 많은 노력은 효과가 없는 것으로 드러났습니다. 힘 있는 자들의 반대뿐만 아니라 전반적인 관심 부족 때문입니다. 신자들 가운데에서조차도 해결책을 찾는 데 방해가 되는 태도가 다양하게 나타납니다. 여기에는 문제 자체의 부인과 무관심, 냉정한 체념이나 기술적 해결에 대한 맹목적 확신이 있습니다. 우리는 새로운 보편적 연대가 필요합니다. 이는 남아프리카 주교들이 말한 대로입니다. "하느님의 **모든** 피조물에 대하여 인간이 저지른 피해를 복구하려면 모든 이의 재능과 참여가 필요합니다."[22] 우리는 모두 저마다 자신의 문화, 경험, 계획, 재능으로 하느님의 도구가 되어 피조물 보호에 협력할 수 있습니다.

15. 저는 이제 교회의 사회 교리에 새로 추가되는 이 회칙이 우리가 당면한 문제의 규모와 긴급성, 그리고 매력을 인식하는 데에 도움이 될 수 있기를 바랍니다. 저는 현재 생태 위기의 여러 측면을 간략하게 검토하는 것으로 시작하겠습니다. 이는 오늘날 얻을 수

---

22. 남아프리카 주교회의, '환경 위기에 관한 사목 성명'(*Pastoral Statement on the Environmental Crisis*), 1999.9.5.

있는 최고의 과학적 연구 결과를 활용하여 그러한 결과가 우리 마음 깊이 다가오게 하고, 이에 따른 윤리적 영적 여정을 위한 구체적 기초를 마련해 주도록 하는 것을 목적으로 합니다. 그리고 나서 저는 유다—그리스도교 전통에서 나오는 몇 가지 원칙을 성찰하여 볼 것입니다. 이는 환경을 위한 우리의 노력을 좀 더 일치된 것으로 만들어 줄 수 있습니다. 그리고 저는 현재 상황의 뿌리를 찾아 그 증상만이 아니라 그 가장 깊은 원인도 성찰해 볼 것입니다. 이는 이 세상에서 인간으로서 우리의 고유한 자리와 우리가 주변 환경과 맺는 관계를 존중하는 생태론에 접근할 수 있게 해 줄 수 있습니다. 이러한 성찰에 비추어 저는 대화와 행동을 위한 폭넓은 제안을 할 것입니다. 이는 우리 모든 개인이 관련되고 또한 국제 정치에도 영향을 미칠 것입니다. 끝으로, 저는 변화가 동기 부여와 교육 과정 없이는 불가능하다는 확신으로 그리스도교 영성 체험의 보화에서 영감을 얻은 인간 발전을 위한 지침을 제시할 것입니다.

16.   비록 모든 장이 고유한 주제가 있고 구체적인 접근법을 제시하지만 바로 앞 장에서 다룬 중요한 문제들을 다시 살펴보기도 할 것입니다. 이 회칙을 전개해 나가는 과정에서 되풀이하여 나타나는 몇 가지 핵심 주제가 여기에 해당됩니다. 예를 들어, 가난한 이들과 지구의 취약함의 긴밀한 관계, 세상의 모든 것이 서로 연결되어 있다는 확신, 기술에서 나오는 새로운 패러다임과 힘에 대한 비판, 경제와 발전에 대한 다른 이해 방식을 찾으라는 요청, 모든 피조물의 고유한 가치, 생태계의 인간적 의미, 숨김없는 솔직한 토론의 필요성, 국제 정책과 지역 정책의 중대한 책임, 버리는 문화와

새로운 생활 양식의 제안과 같은 것이 있습니다. 이러한 문제들은
단번에 마무리되거나 방치되어서는 안 되고 되풀이하여 논의되고
보완되어야 합니다.

제1장
공동의 집에 무슨 일이 벌어지고 있습니까?

17.　　인류 역사상 여러모로 전례가 없었던 우리의 현재 상황에 대한 새로운 분석에 근거하여 신학적 철학적 성찰이 이루어지지 않는다면, 그 성찰은 지루하고 추상적인 것처럼 들릴 수도 있습니다. 그래서 저는 우리가 속해 있는 세상을 마주하여 신앙이 어떻게 새로운 동기와 요구 사항을 부여하는지에 대하여 성찰해 보기 전에, 우리의 공동의 집에 무슨 일이 벌어지고 있는지에 대하여 간략하게 살펴보고자 합니다.

18.　　인류와 지구의 변화가 지속적으로 가속화되는 것은 오늘날 삶과 노동의 더욱 빨라진 흐름과 연결되어 있습니다. 어떤 이들은 이를 '신속화'(rapidación)라고 지칭합니다. 비록 변화가 복잡계의 역학에 속하는 것이기는 하지만, 인간 활동이 발전해 온 속도는 생물학적 진화의 자연스러운 느린 흐름과 대비됩니다. 게다가 이러한 빠르고 지속적인 변화가 반드시 공동선이나 통합적이고 지속 가능

한 인간 발전을 목적으로 하는 것도 아닙니다. 변화는 바람직한 것이지만 세상과 많은 인간들의 삶의 질을 악화시킨다면 근심거리가 됩니다.

19.　　진보와 인간 능력을 비이성적으로 확신하던 시기가 지나서 이제 사회 한쪽에서는 더 비판적인 접근이 생겨나고 있습니다. 우리 지구에서 벌어지고 있는 일들에 대한 진심 어리고 애틋한 관심과 더불어 환경과 자연 보호에 대하여 사람들이 더 민감해지고 있는 것입니다. 오늘날 우리를 불안하게 만들고 더 이상 감추어 둘 수 없는 이러한 문제들을 매우 간략하게나마 살펴보겠습니다. 우리의 목적은 정보 축적이나 호기심 충족이 아닙니다. 오히려 세상에서 벌어지고 있는 일들을 통렬하게 자각하고 그것을 기꺼이 우리 자신의 고통으로 삼아 우리가 각자 할 수 있는 일을 찾는 것입니다.

I. 오염과 기후 변화

오염, 쓰레기, 버리는 문화

20.　　사람들이 일상적으로 노출되는 오염들이 있습니다. 대기오염 물질에 대한 노출은 건강에, 특히 가장 가난한 이들의 건강에 광범위한 악영향을 끼쳐서 수많은 사람들이 일찍 사망하게 됩니다. 예를 들어 요리와 난방에 사용하는 연료에서 배출되는 다량의 연기를 흡입하면 병에 걸리게 됩니다. 모든 이에게 영향을 미치는 오염도 있습니다. 이는 교통, 공장 매연, 토양과 물의 산성화 물질, 비

료, 살충제, 살균제, 제초제, 일반적인 농업용 독극물을 통하여 발생됩니다. 상업적 이익과 관련된 기술이 이러한 문제들의 유일한 해결책으로 제시됩니다. 그러나 사실 그러한 기술은 문제가 얽히고설킨 관계의 비밀을 알지 못하고 때로는 한 가지 문제를 해결한다지만 다시 새로운 문제를 일으킵니다.

21.   여러 지역에서 나오는 쓰레기와 더불어 유해한 폐기물에서 나오는 오염 물질에 대해서도 생각해 보아야 합니다. 해마다 엄청난 양의 쓰레기들이 발생하고 있으며, 대부분 생물학적으로 분해가 되지 않고 맹독성이며 방사능이 있습니다. 여기에는 가정과 기업, 건설과 철거 현장에서 나오는 쓰레기와 더불어 의료 폐기물, 전자 폐기물, 산업 폐기물이 있습니다. 우리의 집인 지구가 점점 더 엄청난 쓰레기 더미처럼 보이기 시작합니다. 이 세상 곳곳에서, 나이 드신 분들은 한때 아름다웠던 풍경이 쓰레기 더미로 뒤덮여 버린 것을 탄식합니다. 산업 폐기물만큼이나 도시와 농촌 지역에서 사용하는 화학제품들도, 비록 지역의 독성 물질 수치가 낮다고 하더라도 그 주민들의 몸속에 유독 물질이 축적되는 결과를 초래할 수 있습니다. 흔히 사람들의 건강이 돌이킬 수 없을 정도로 악화되기 전에는 아무런 조치도 취해지지 않습니다.

22.   이러한 문제들은 버리는 문화와 밀접하게 관련됩니다. 버리는 문화는 물건을 쉽게 쓰레기로 만들어 버리는 것처럼 소외된 이들에게 악영향을 미칩니다. 한 가지 예를 들자면, 생산된 종이의 대부분은 재활용되지 않고 버려집니다. 우리는 자연 생태계의 순환

과정이 우리의 모범이 된다는 것을 쉽게 받아들이지 못합니다. 식물은 초식 동물들이 먹는 영양분을 합성합니다. 그다음에 초식 동물들은 육식 동물의 먹이가 됩니다. 이렇게 하여 상당히 많은 양의 유기 배설물이 배출되어 새로운 식물들이 자라나게 됩니다. 그러나 우리 산업 체계는 생산과 소비의 과정 끝에 나오는 쓰레기와 부산물의 처리나 재사용 능력을 개발하지 않았습니다. 우리는 아직 순환적 생산 방식을 채택하지는 못하였습니다. 이러한 생산 방식은 현재와 미래 세대들을 위하여 자원을 보존할 수 있는 것이며, 재생 불가능한 자원 사용의 최소화, 소비 절제, 개발 효율의 극대화, 재사용, 재활용을 요구합니다. 이 문제를 논의하는 것이 지구 전체에 악영향을 미치는 버리는 문화에 맞서는 한 가지 방법이 될 것입니다. 그러나 이러한 방법은 극히 한정된 진척만을 이루었을 뿐입니다.

공공재인 기후

23.   기후는 모든 이의, 모든 이를 위한 공공재입니다. 세계적 차원에서 기후는 인간 삶의 많은 필수 조건들과 관련되어 있는 복잡계입니다. 매우 확실한 과학적 견해들은 우리가 현재 기후 체계의 심상치 않은 온난화를 목격하고 있다는 사실을 보여 줍니다. 최근 수십 년간 온난화는 해수면의 지속적인 상승을 일으켰으며 개별 기상 현상에 대한 명확한 과학적 원인을 밝혀 낼 수는 없지만 심각한 기상 이변 현상의 증가와 온난화를 연결시켜 보는 것은 어렵지 않습니다. 인류는 이러한 온난화에 맞서 싸우거나, 최소한 인간이 이러한 온난화를 일으키거나 악화시키는 근원들에 맞서 싸우려는 생

활 양식과 생산과 소비의 변화가 필요하다는 것을 인식해야 합니다. 화산 활동, 지구 궤도와 축의 변화, 태양의 활동 주기와 같은 다른 요소들도 온난화에 영향을 미치지만, 많은 과학적 연구는 최근 수십 년간의 지구 온난화가, 대부분 인간 활동의 결과로 배출되는 온실가스, 곧 이산화탄소, 메탄, 아산화질소와 같은 화학 물질들의 농도가 매우 짙어졌기 때문에 주로 발생하게 되었다는 사실을 보여 줍니다. 이러한 기체들은 대기 중에 집중되어서 지표면에 반사된 햇살의 열이 우주로 흩어지지 못하게 합니다. 특히 세계적 에너지 체계의 중심인 화석 연료의 엄청난 사용을 기반으로 하는 개발 방식 때문에 문제가 더욱 악화됩니다. 토지 사용 변화, 특히 농사를 목적으로 한 삼림 파괴의 증가 또한 이에 영향을 주고 있습니다.

24. 다음으로 온난화는 탄소의 순환에 영향을 미칩니다. 온난화는 상황을 더욱 악화시키는 악순환을 조장하여 온난화된 지역의 물과 에너지와 농산물과 같은 필수적인 자원의 이용에 영향을 미치고 지구의 생물 다양성에 손실을 가져옵니다. 극지방과 고지대의 빙하가 녹아내려 매우 위험한 메탄가스가 배출되고 냉동되었던 유기물이 분해되면 이산화탄소 배출이 더욱 증가될 수 있습니다. 기후 변화의 완화에 도움이 될 수 있을 열대림의 감소가 상황을 더욱 악화시키고 있습니다. 이산화탄소 때문에 생기는 오염으로 해양이 빠르게 산성화되어서 해양 생태계의 먹이 사슬이 위태로워지고 있습니다. 현재의 추세가 지속된다면, 21세기는 예사롭지 않은 기후 변화와 전례 없는 생태계 파괴로 우리 모두에게 심각한 결과가 초래되는 것을 목격하게 될 것입니다. 예를 들어, 세계 인구의 4분

의 1이 해안이나 그 근접 지역에 살고 있고, 대부분의 거대 도시가 해안 지역에 있다는 것을 고려할 때, 해수면의 상승은 매우 심각한 상황을 초래할 수 있습니다.

25.　　기후 변화는 세계적 차원의 문제로 환경, 사회, 경제, 정치, 재화 분배에 심각한 영향을 미치고 있습니다. 이는 오늘날 인류가 당면한 중요한 도전 과제입니다. 수십 년 안에 아마도 개발도상국들이 가장 심각한 타격을 받게 될 것입니다. 대부분 가난한 이들은 온난화와 관련된 현상에 특별한 영향을 받는 지역에서 살고 있으며, 그들의 생계는 자연 보호 지역과, 농업과 어업과 삼림업과 같은 생태계에 관련된 일에 크게 의존합니다. 이들은, 기후 변화에 적응하거나 자연재해에 대처할 수 있는 자금이나 자원을 확보하지 못하고, 사회 복지나 사회 보장 제도의 혜택을 받지 못합니다. 예를 들어, 기후 변화에 적응하지 못하는 동물과 식물이 이주하게 되면 가난한 이들 또한 생계에 타격을 받아 자신들과 자녀들의 미래에 대한 큰 불안감을 안고 고향을 떠날 수밖에 없게 됩니다. 유감스럽게도 자연 훼손으로 악화된 빈곤 상태에서 벗어나려는 이주가 증가하고 있습니다. 이들은 국제 협약에 따른 난민으로 인정받지 못하기 때문에 어떠한 법적 보호도 받지 못한 채, 자신이 포기한 삶에 따른 손실을 고스란히 부담하고 있습니다. 안타깝게도 온 세상에서 벌어지는 이러한 비극에 대한 무관심이 만연하고 있습니다. 우리의 형제자매가 관련된 이 비극에 대한 우리의 부실한 대응은 모든 시민 사회의 기초인, 우리 이웃에 대한 책임감의 상실을 가리키고 있습니다.

26. 더 많은 자원과 경제적 정치적 힘을 지닌 이들은 대부분 문제를 호도하거나 그 증상들을 감추는 데에 관심을 두고 있는 것으로 보입니다. 그리고 기후 변화의 일부 부정적 영향만을 줄이려고 노력합니다. 그러나 이러한 많은 증상들은 현재의 생산 방식과 소비 방식을 그대로 유지할 경우에 부정적인 영향들이 더욱 강화될 것임을 보여 줍니다. 서둘러 정책을 개발하여 앞으로 몇 년 안에, 예를 들어, 화석 연료를 대체하여 재생 가능 에너지 자원을 개발하고, 이산화탄소와 심각한 오염을 유발하는 여러 기체들의 배출을 과감하게 감소시켜야 합니다. 전 세계적으로 깨끗하고 재생 가능한 에너지가 매우 적게 이용되고 있습니다. 효율적인 에너지 저장 기술 개발이 아직 필요합니다. 일부 국가들에서는 괄목할 만한 발전이 있지만, 그 비율은 아직 미미합니다. 에너지와 원료를 적게 사용하는 생산 수단과 운송 수단에 대한 투자가 이루어지고 있습니다. 또한 에너지 효율을 개선한 건물의 건축과 개조에도 많은 투자가 이루어지고 있습니다. 그러나 전 세계적으로 이러한 바람직한 실천들이 보편화되기에는 아직 갈 길이 멉니다.

II. 물의 문제

27. 현재 상황에 대한 또 다른 지표들은 천연자원의 고갈과 관련되어 있습니다. 낭비와 버리는 습관이 지금까지 볼 수 없었던 차원에 이른 선진국들과 사회의 부유 계층의 현재 소비 수준이 유지될 수 없다는 사실을 우리는 알고 있습니다. 지구 착취는 이미 그 한계를 넘어섰지만, 우리는 여전히 빈곤 문제를 해결하지 못하고 있습니다.

28.　　　깨끗한 식수가 가장 중요한 문제입니다. 이는 인간의 삶 그리고 육상과 수생 생태계를 보존하는 데에 반드시 필요하기 때문입니다. 깨끗한 물의 원천은 보건과 농업과 산업 부문에서 반드시 필요합니다. 물 공급은 오랫동안 비교적 일정하게 유지되었으나, 이제 많은 곳에서 수요가 지속 가능한 공급을 초과하였으며, 장기적으로나 단기적으로 심각한 결과를 초래하게 될 것입니다. 엄청난 양의 물 공급에 의존하고 있는 대도시들은 물 부족 시기를 경험하였고 매우 심각한 때에는 공정하고 올바른 관리가 이루어지지 못하였습니다. 물 부족은 특히 아프리카에 큰 타격을 주었습니다. 많은 아프리카인들은 안전한 식수를 확보하지 못하거나 농산물 생산을 저해하는 가뭄을 겪고 있습니다. 일부 나라들에서는 물이 넉넉한 지역이 있는 반면에, 극심한 부족 현상을 겪는 지역도 있습니다.

29.　　　특별히 심각한 문제는 가난한 이들이 이용할 수 있는 물의 질입니다. 날마다 많은 이들이 비위생적인 물 때문에 죽어 가고 있습니다. 수인성 질병과 더불어 미생물과 화학 물질이 일으키는 질병에 시달리는 가난한 이들이 많이 있습니다. 위생 불량과 물 부족으로 생기는 이질과 콜레라가 어린이의 고통과 사망의 주요 원인입니다. 특히 적절한 규제나 관리가 이루어지지 않고 있는 나라의 여러 지역에서는 특정한 광업, 농업, 산업 활동으로 배출되는 오염 물질들로 지하수가 위협을 받고 있습니다. 산업 폐기물만이 문제가 되는 것이 아닙니다. 세계 많은 곳에서 사용하고 있는 세제와 화학제품들이 계속해서 강, 호수, 바다로 흘러들어 가고 있습니다.

30. 인간이 이용할 수 있는 물의 질은 계속해서 악화되어 가고 있음에도, 어떤 지역에서는 이 부족한 자원을 민영화하려는 추세가 나타나 물이 시장 논리에 지배되는 상품으로 변해 버렸습니다. 그러나 **안전하게 마실 수 있는 물에 대한 접근권은 기본적이며 보편적인 인권입니다. 물은 인간의 생존에 필수적인 것이며, 바로 그래서 다른 인권들을 행사하는 데에 전제 조건이 됩니다.** 물을 마실 수 없는 가난한 이들에게 이 세상은 커다란 사회적 부채를 지고 있습니다. **그들의 침해할 수 없는 존엄에 맞갖은 생명권이 부인되기** 때문입니다. 가난한 이들에게 깨끗한 물과 위생 시설을 마련해 주려고 재정 지원을 확대하면 그 부채가 어느 정도 경감됩니다. 그렇지만 선진국뿐만 아니라 많은 물을 보유하고 있는 개발 도상국 안에서도 물의 낭비가 지속되고 있습니다. 이는 물 문제가 어느 정도 교육과 문화의 문제라는 것을 보여 줍니다. 불평등이 심한 상황에서는 그러한 행위의 심각성을 거의 인식하지 못하고 있기 때문입니다.

31. 심각한 물 부족은 식품 가격과 물 사용에 의존하는 여러 상품들의 가격 상승을 가져오게 될 것입니다. 일부 연구에 따르면, 서둘러 조치를 취하지 않으면 몇 년 안에 극심한 물 부족 현상이 발생하게 될 것이라고 합니다. 환경의 충격은 수많은 사람들에게 영향을 미칠 수 있습니다. 또한 다국적 대기업들이 물을 통제하면 21세기의 커다란 분쟁 요소가 될 것입니다.[23]

---

23. 프란치스코, 국제 연합 식량 농업 기구의 직원들에게 한 인사말, 2014.11.20., *AAS* 106(2014), 985면 참조.

Ⅲ. 생물 다양성의 감소

32.   경제, 상업, 생산 활동에 대한 근시안적 접근으로 지구의 자원이 착취되고 있습니다. 숲과 삼림 지대의 손실은 생물종들의 감소로 이어집니다. 생물종들은 식량만이 아니라 질병 치료와 여러 용도로 이용될 수 있는 매우 중요한 미래 자원이 될 수 있습니다. 다양한 생물종들은 앞으로 인간의 필요에 도움이 되고 환경 문제 해결에 결정적 역할을 할 수 있는 자원인 유전자를 가지고 있습니다.

33.   그렇지만 그러한 다양한 생물종들을 그저 착취할 수 있는 잠재적 '자원'으로만 여겨 그 고유한 가치를 간과해서는 안 됩니다. 해마다 수천 종의 동물과 식물이 사라지고 있습니다. 이것들은 영원히 사라져 버려서 우리가 전혀 모르게 되고 우리 후손들은 전혀 보지 못하게 될 것입니다. 인간 활동과 관련된 이유로 매우 많은 생물종들이 사라졌습니다. 우리 때문에 수많은 생물종들이 더 이상 그들의 존재 자체로 하느님께 영광을 드리지 못하고 그들의 메시지를 우리에게 전해 주지 못할 것입니다. 우리가 그렇게 할 권리는 없습니다.

34.   포유동물과 조류들이 눈에 많이 뜨이기 때문에 아마도 한 포유동물이나 새의 멸종을 알아채고 나면 혼란스러워질 수도 있습니다. 그러나 생태계가 제대로 기능하려면 균류, 해조류, 벌레 무리, 파충류, 그리고 셀 수 없이 다양한 미생물들이 필요합니다. 개체 수가 많지 않은 종들은 눈에 잘 뜨이지는 않지만 특정 지역의

생태 균형 유지에 중요한 역할을 합니다. 지구계가 위기 상태에 놓이면 인간이 개입해야 하는 것이 맞습니다. 그러나 오늘날 자연이라는 복잡한 현실에 대한 인간의 개입이 과도해져서 인간이 지속적으로 일으킨 재난이 새로운 개입을 필요로 하는 지경에 이르렀습니다. 인간이 모든 곳에서 활동하면서 그에 따르는 위험도 나타나게 되었습니다. 문제 해결을 위한 인간의 관여가 상황을 더욱 어렵게 만드는 악순환이 종종 발생합니다. 예를 들어, 합성 농약 사용으로 사라진 많은 새들과 곤충들은 사실 농사에 도움이 되는 존재들입니다. 소멸된 새와 곤충의 역할을 또 다른 기술이 대신하겠지만 이 또한 유해한 것으로 결론이 날 것입니다. 인간이 초래한 문제들의 해결책을 찾으려고 값진 노력을 기울이는 과학자들과 기술자들에게 감사해야 합니다. 그러나 냉철하게 이 세상을 바라보면 인간의 개입 정도가 종종 기업의 이익과 소비주의를 위한 것이어서 사실 우리가 살고 있는 지구를 빈곤하고 추하며 더욱 제한되고 음울한 것으로 만들고 소비재들이 넘쳐나게 한다는 것을 알게 됩니다. 우리는 대체할 수 없고 회복할 수 없는 아름다움을 우리 자신이 만들어 낸 것으로 대체할 수 있다는 착각에 빠져 있는 것 같습니다.

35. 모든 계획의 환경 영향 평가에서, 일반적으로 토양, 물, 대기에 미치는 영향에는 관심을 두면서도, 마치 동식물종의 소멸은 중요하지 않다는 듯이 생물 다양성에 미치는 영향에 대한 신중한 연구는 제대로 이루어지지 않고 있습니다. 고속도로, 새 플랜테이션, 특정 지역에 울타리 치기, 수자원 저장 둑 건설, 이와 유사한 개발과 같은 것은 자연 서식지를 차지하고 때로는 파괴하여 동물

개체군들이 더 이상 이동하거나 자유롭게 돌아다닐 수 없게 됩니다. 그 결과로 일부 종들은 멸종 위기에 놓이게 됩니다. 최소한 이러한 계획들의 영향을 완화시키고자 생물학적 회랑 지대 조성과 같은 대안들이 있지만, 극히 일부 국가들만 그러한 배려와 신중함을 보여 주고 있습니다. 종종 특정 생물종들이 상업적으로 이용될 때, 그 종들의 감소와 그에 따른 생태계의 불균형 방지를 위한 그것들의 번식 방식 연구에는 거의 관심을 기울이지 않습니다.

36. 생태계 보호를 위하여 앞을 멀리 내다볼 수 있어야 합니다. 쉽고 빠른 금전적 이익만을 얻으려고 할 때 그 누구도 생태계 보존에 참된 관심을 기울이지 않기 때문입니다. 이러한 이기적인 무관심으로 야기된 손해 비용은 우리가 얻을 수 있는 경제적 이익보다 훨씬 큽니다. 어떤 생물종이 소멸되거나 심각한 해를 입게 되면 그에 따른 손실은 막대합니다. 그래서 환경 훼손에 따른 엄청난 비용을 현재와 미래의 인류에게 떠넘긴 채로 상당한 이익만을 얻으려고 생각한다면 우리는 가장 심각한 불의 앞에 침묵하는 사람이 될 수 있습니다.

37. 일부 국가들은 육지와 해양에서 특정 지역과 장소의 효과적인 보호 조치를 시행하여 그 모습을 변형시키거나 원상태를 훼손시키는 모든 인위적 개입을 금지하고 있습니다. 생물 다양성의 보호에 관하여 전문가들은 보호를 거의 받지 못하거나 적게 받는 토종 생물종이 풍부한 지역에 특별한 주의를 기울여야 할 필요가 있다고 주장합니다. 세계적 생태계에 매우 중요하기에 특별한 보호가

필요한 지역이 있습니다. 또한 중요한 저수지라서 다른 생명체들의 안식처가 되기에 그러한 특별 보호가 필요한 지역도 있습니다.

38. 예를 들어, 다양한 생물들로 가득 차 있는 지구의 허파인 아마존과 콩고 분지나 대수층(帶水層)과 빙하를 생각해 봅시다. 우리는 이러한 것들이 지구 전체와 미래 인류를 위하여 얼마나 중요한지 잘 알고 있습니다. 열대림의 생태계는 매우 복잡한 관계를 맺는 다양한 생물들이 살고 있어서 다 이해하는 것이 거의 불가능합니다. 그렇지만 경작을 위하여 열대림을 불태워 버리거나 갈아엎으면, 몇 년 안에 수많은 생물종들이 사라지고 그 지역은 메마른 황무지가 되어 버릴 것입니다. 우리가 열대림에 관하여 이야기할 때에는 균형을 잘 잡아야 합니다. 커다란 세계적 경제 이익을 추구하는 세력들이 열대림 보호를 구실로 개별 국가의 통치권을 해칠 수도 있기 때문입니다. 사실, "다국적 기업들의 경제적 이익만을 위하여 아마존을 국제화하자는 제안"[24]이 있습니다. 우리는 합법적 압력 수단을 동원하여 이 문제에 대한 여론을 불러일으키고 비판적 협력을 해 준 국제단체와 시민 사회단체의 노력에 감사하지 않을 수 없습니다. 이는 모든 정부가 국내외의 부당한 세력들에 굴복하지 않고 자기 나라의 환경과 천연자원을 보존해야 하는 누구도 대신할 수 없는 고유한 책임을 수행하게 하려는 것입니다.

---

24. 라틴 아메리카와 카리브 주교회의, 제5차 정기 총회 최종 문헌(*V Conferencia General del Episcopado Latinoamericano y del Caribe, Documento Conclusivo*; 이하 「아파레시다 문헌」), 아파레시다, 2007.6.29., 86항.

39.　주로 단일 작물을 재배하는 플랜테이션을 위하여 처녀림을 파괴하는 문제에 대한 적절한 분석은 거의 이루어지지 않고 있습니다. 그런데 새로 심은 식물종이 제대로 동화되지 못하여 생물 다양성이 심각하게 손상될 수 있습니다. 이와 마찬가지로 습지대가 경작지로 바뀌면서 이전의 엄청난 생물 다양성이 상실됩니다. 일부 해안 지역에서 맹그로브 습지대로 유지되던 생태계가 사라져 커다란 우려를 낳고 있습니다.

40.　대양은 우리 지구의 대부분의 물을 담고 있을 뿐 아니라 또한 엄청난 수의 다양한 생명체도 품고 있습니다. 그 생명체의 상당수는 여전히 미지의 것으로 남아 있으면서도 여러 가지 이유로 생존의 위협을 받고 있습니다. 게다가 강과 호수와 바다와 대양에 살고 있는 해양 생물은 세계의 많은 인구를 먹여 살리고 있으나, 특정 어류의 급격한 감소를 가져오는 무절제한 포획으로 위협받고 있습니다. 잡은 물고기의 대부분을 버리고 특정한 어류만 골라내는 어업이 그치지 않고 지속되고 있습니다. 일부 플랑크톤과 같이 우리가 간과하기 쉬운 해양 생명체가 특히 위협을 받고 있습니다. 그러한 생명체는 바다 먹이 사슬의 중요한 요소이며, 우리가 먹는 어류는 궁극적으로 그것에 의존합니다.

41.　열대와 아열대 바다에서 우리는 육지의 거대 삼림에 비교되는 산호초를 찾아볼 수 있습니다. 이러한 산호초는 물고기, 갑각류, 연체동물, 해면동물, 조류와 같이 거의 백만 종에 달하는 생명체를 보호합니다. 오늘날 세계 산호초의 대부분은 이미 황폐화되

거나 지속적인 감소 상태에 있습니다. "누가 아름다운 해양 세계를 광채나 생기가 없는 바다 묘지로 만들어 버렸습니까?"[25] 이러한 현상은 대부분 삼림 파괴, 단일 작물 재배, 산업 폐기물, 특히 청산염과 다이너마이트를 사용하는 파괴적인 어업 방식에 따른 오염이 바다에까지 이르러 나타나게 되는 것입니다. 그리고 이러한 현상은 해수 온도 상승으로 더욱 악화됩니다. 이 모든 것을 통하여 우리는 자연에 대한 모든 개입이 바로 알아챌 수 없는 결과를 초래하고, 어떤 자원 착취는 궁극적으로 해저에 영향을 미치는 파괴로 엄청난 대가를 치르게 된다는 것을 알 수 있습니다.

42.   생태계의 기능을 더 잘 이해하고, 환경의 중요한 변화에 영향을 미치는 다양한 변수들의 적절한 분석을 목표로 하는 연구에 더 많은 투자를 해야 합니다. 모든 피조물은 서로 연결되어 있기에 사랑과 존경으로 소중히 다루어야 합니다. 살아 있는 피조물인 우리는 모두 서로 의존하고 있습니다. 모든 지역은 이 가족을 돌보아야 할 책임이 있습니다. 멸종 위기에 놓여 있는 생물종들을 특별히 보살피면서 보호 계획과 전략을 개발하여 그 지역에 살고 있는 생물종들을 철저히 관리하게 해야 합니다.

Ⅳ. 인간 삶의 질의 저하와 사회 붕괴

43.   인간도 생명권과 행복권을 누리며 고유한 존엄성을 지닌

---

25. 필리핀 주교회의, 사목 교서 '아름다운 우리 땅에 무슨 일이 벌어지고 있는가?'(*What is Happening to Our Beautiful Land?*), 1988.1.29.

이 세상의 피조물입니다. 그래서 우리는 환경 훼손, 현재의 개발 방식, 버리는 문화가 사람들의 삶에 미치는 영향에 대하여 생각해 보지 않을 수 없습니다.

44.　　예를 들어, 오늘날 우리는 많은 도시들이 불균형적이고 무분별하게 확대되고 있다는 것을 알고 있습니다. 이러한 도시들은 유독 가스 배출에 따른 오염뿐 아니라 도시의 혼잡, 열악한 교통, 시각 공해, 소음으로 건강하게 살 수 없는 곳이 되고 있습니다. 많은 도시들은 거대하고 비효율적인 체계를 갖고 있으며 에너지와 물을 지나치게 낭비하고 있습니다. 최근에 건설된 지역들마저도 혼잡하고 혼란스러우며 녹지 공간이 부족합니다. 우리는 시멘트, 아스팔트, 유리, 금속으로 넘쳐 나는 세상에 살면서 자연과 물리적 접촉이 차단되는 것을 바라지는 않았습니다.

45.　　일부 도시와 농촌 지역에서는 특정 공간을 사유화하여 사람들이 매우 아름다운 장소에 접근하는 것을 차단하고 있습니다. 또 다른 지역에서는 인위적 평안을 누리고자 외부를 차단한 이른바 '생태' 주거지를 만들기도 합니다. 종종 우리는 도시의 이른바 '안전' 지역에 아름답게 잘 가꾸어진 녹지를 발견하게 됩니다. 그러나 사회에서 소외된 이들이 살고 있는, 제대로 눈에 뜨이지 않는 지역에는 그런 곳이 없습니다.

46.　　세계적 변화의 사회적 요인들 가운데에는 고용에 영향을 미치는 기술 혁신, 사회적 소외, 에너지와 그 밖의 공공 서비스의

불평등한 분배와 소비, 사회적 붕괴, 폭력 증가, 새로운 형태의 사회 폭력의 증가, 마약 매매, 젊은이들의 마약 사용 증가, 정체성 상실이 있습니다. 이러한 것들은 지난 두 세기의 성장이 언제나 통합적 발전을 이끌지 못하고 삶의 질을 개선하지 못하였다는 것을 보여 주는 징표입니다. 이러한 징표 가운데 일부는 현실적인 사회적 쇠퇴, 곧 사회적 통합과 화합의 유대가 소리 없이 와해되고 있음을 보여 주는 증상입니다.

47. 더 나아가 매체와 디지털 세계가 어디에나 존재하면서 사람들이 현명한 삶의 방식을 배우고 깊이 생각하며 넉넉히 사랑하는 법을 배우지 못하도록 영향을 행사합니다. 이러한 상황에서 과거의 훌륭한 현인들의 말씀이 넘쳐 나는 정보의 소음과 혼란 속에 들리지 못하는 위험에 빠지게 됩니다. 이러한 매체들을 우리의 가장 커다란 풍요를 위협하지 않는, 인류의 새로운 문화적 진보의 원천으로 삼도록 노력을 기울여야 합니다. 자기 성찰, 대화, 사람들과 편견 없는 만남의 결실인 참된 지혜는 단순히 자료 축적으로 얻어지는 것이 아닙니다. 자료의 축적은 결국 과부하와 혼란을 일으켜 일종의 정신적 오염을 낳습니다. 다른 사람들과 현실에서 맺는 관계는 그에 수반되는 온갖 도전들과 함께, 인터넷을 통한 의사소통으로 대체되는 경향이 나타납니다. 이러한 의사소통은 관계를 자기 마음대로 선택하거나 끊어 버릴 수 있게 합니다. 그래서 다른 사람들이나 자연과 맺는 관계보다는 기계와 그 화면을 통해서 맺는 관계에서 나타나는 새로운 형태의 꾸며 낸 감정들이 흔히 생겨납니다. 오늘날 매체는 우리 서로가 의사소통을 하며 지식과 감정을 서

로 나눌 수 있게 합니다. 그러나 때로는 그 매체가 다른 사람들의 고통, 두려움, 기쁨, 복잡한 개인적 체험을 직접 접하지 못하게 합니다. 이러한 이유로 우리는 이러한 매체가 흥미로운 기회를 마련해 주는 반면에, 인간관계에 매우 우울한 불만을 야기하거나 외로움이라는 해로운 감정을 불러일으킬 수 있다는 사실에 유의해야 합니다.

V. 세계적 불평등

48.　　인간 환경과 자연환경은 함께 악화됩니다. 우리가 인간과 사회의 훼손의 원인들에 주의를 기울이지 않는다면 환경 훼손에 적절히 맞서 싸울 수 없습니다. 사실 환경과 사회의 훼손은 특히 이 세상의 가장 취약한 이들에게 영향을 미칩니다. "일상생활의 체험과 과학 연구는 가장 가난한 이들이 모든 환경 훼손의 가장 심각한 영향을 받는다는 것을 보여 줍니다."[26] 예를 들어, 물고기 개체 수의 감소는 다른 생계 수단이 마땅치 않은 영세 어민들에게 특히 어려움을 주게 됩니다. 수질 오염은 특히 생수를 살 수 없는 가난한 이들에게 영향을 미칩니다. 해수면 상승은 주로 해안 주변에 사는 달리 갈 곳이 없는 가난한 사람들에게 영향을 미칩니다. 현재의 이러한 불균형의 영향은 많은 가난한 이들의 이른 사망, 자원의 결핍으로 일어나는 분쟁, 국제적 논의에서 제대로 다루어지지 않는 많

---

26. 볼리비아 주교회의, 볼리비아 환경과 인간 발전에 관한 사목 교서 '세상, 생명을 위하여 하느님께서 주신 선물'(*El universo, don de Dios para la vida*), 2012.3.23., 17항.

은 다른 문제들에서 나타납니다.[27]

49.   특히 소외된 이들에게 영향을 미치는 문제들을 사람들이
제대로 이해하지 못한다는 사실을 언급할 필요가 있습니다. 소외된
이들은 수십 억 명에 이르러 인류의 대다수를 차지합니다. 이들은
오늘날 국제적 정치와 경제 토론에서 언급되고는 있지만, 그들의 문
제는 거의 의무감에 못 이겨 또는 미미하게 다루는 부록으로 제시
되거나, 아니면 그저 부수적 피해로만 여겨질 수도 있다는 인상을
빈번히 줍니다. 사실, 모든 것이 정리되고 나서 보면 소외된 이들의
문제는 가장 뒷전으로 밀려나 있습니다. 부분적으로 그 이유는 많
은 전문가, 여론 선도자, 통신 매체, 권력의 핵심들이 부유한 도시
지역에 위치하여 가난한 이들로부터 멀리 떨어져 가난한 이들의 문
제에 거의 직접적으로 관여하지 않기 때문입니다. 그들은 높은 수
준의 발전에 따른 편안한 위치에서 세상의 대부분 사람들이 범접하
지 못하는 삶의 질을 누리며 생활하고 생각합니다. 이렇게 사람들
과의 직접적인 접촉과 만남의 결여는 종종 도시의 해체로 촉발되며
양심을 무디게 하고 현실에 있는 것을 무시하는 편향된 분석을 낳
습니다. 때로 사람들은 말로는 '환경'을 옹호하면서도 이러한 태도
를 취합니다. 그러나 오늘날 우리는 **참된 생태론적 접근은 언제나
사회적 접근이 된다**는 것을 깨달아야 합니다. 그러한 접근은 정의
의 문제를 환경에 관한 논의에 결부시켜 **지구의 부르짖음과 가난한**

---

27. 독일 주교회의 사회 문제 위원회, '기후 변화, 세계적, 세대 간, 생태적 정의
    의 핵심 문제'(*Der Klimawandel: Brennpunkt globaler, intergenerationeller
    und ökologischer Gerechtigkeit*), 2006.9., 28-30항 참조.

이들의 부르짖음 모두에 귀를 기울이게 해야 합니다.

50.   가난한 이들의 문제를 해결하고 세상을 바꾸는 방법을 생각하기보다 출생률 감소만을 제안하는 사람도 있습니다. 개발 도상국들은 때때로 경제 지원을 특정한 '출산 보건' 정책에 연계시키라는 국제적 압력을 받습니다. 그러나 "인구와 이용 가능한 자원의 불균등한 분배가 개발과 환경의 지속 가능한 이용에 장애가 되는 것은 사실이지만, 인구 성장과 통합적이고 공평한 개발은 전혀 모순되지 않는다는 것을 인정해야 합니다."[28] 지나친 선택적 소비주의가 아니라 인구 증가를 비난하는 것은 문제를 회피하려는 술책일 뿐입니다. 이는 현재의 분배 방식을 합법화하려는 시도인 것입니다. 현재의 분배 방식에서는 소수의 사람들이, 보편화될 수 없는 방식으로 소비할 권리가 자신에게만 있다고 믿습니다. 지구가 그러한 소비로 발생하는 쓰레기조차 감당할 수 없기에 그렇다는 것입니다. 그런데 우리는 생산된 식량 전체의 거의 3분의 1이 버려지고 있다는 것을 알고 있습니다. 우리가 "음식을 버릴 때마다, 그 음식은 마치 가난한 이들의 식탁에서 훔쳐 온 것과 같은 것입니다."[29] 국가와 세계 차원에서 인구 밀도의 불균형에 대해서도 관심을 기울여야 합니다. 소비 증가는 환경 오염과 교통, 쓰레기 처리, 자원 손실, 삶의 질과 관련된 문제들이 서로 얽힌 결과로 복잡한 지역 사

---

28. 교황청 정의평화평의회, 『간추린 사회 교리』(*Compendium of the Social Doctrine of the Church*), 2004.4.2., 한국천주교중앙협의회, 2014(제2판 6쇄), 483항.

29. 프란치스코, 「교리 교육」, 2013.6.5., 『프란치스코의 가르침』(*Insegnamenti di Francesco*), 1/1(2013), 280.

정을 일으킵니다.

51.   불평등은 개인에게뿐만 아니라 모든 나라에 영향을 미칩
니다. 그렇기 때문에 불평등은 우리가 국제 관계의 윤리도 생각해
보게 합니다. 현실적인 '생태적 빚'은 특히 남반구와 북반구 사이에
발생한 것으로 환경에 영향을 미치는 상업적 불균형, 그리고 특정
국가들이 장기간에 걸쳐 천연자원을 지나치게 이용한 사실과 관련
됩니다. 산업화된 북반구의 시장을 충족시키려고 천연자원을 수출
한 결과로 금광 지역의 수은 오염과 동광 지역의 아황산 오염과 같
이 지역적 피해가 발생하였습니다. 특히 배출된 가스들을 처리하려
고 전 세계의 환경 공간을 이용하는 것에 대하여 예측해 보아야 합
니다. 지난 200년 동안 쌓여 온 가스 분진을 처리하려고 전 세계의
자연 공간의 사용을 계산해야 하는 긴급한 사정이 생겼습니다. 이
는 전 세계 모든 나라에 영향을 미치는 일입니다. 일부 부유한 국
가들의 엄청난 소비로 야기된 온난화는 세계의 가장 가난한 지역,
특히 아프리카에 영향을 미칩니다. 아프리카에서는 기온 상승이 가
뭄과 맞물려 농업에 막대한 피해를 주고 있습니다. 고체와 액체 상
태의 독성 물질을 개발 도상국에 수출하고, 자본을 대는 나라에서
는 결코 할 수 없는 방식으로 저개발국에서 기업을 운영한 데 따른
오염으로 발생되는 피해도 있습니다. "우리는 이러한 방식으로 운
영되는 기업들이 흔히 다국적이라는 것에 주목합니다. 그들은 선진
국, 이른바 '제일 세계'라고 불리는 국가에서는 절대로 하지 않을 짓
을 이곳에서 저지릅니다. 일반적으로 그들이 기업 활동을 중단하고
철수하고 나면 실업, 활기 없는 마을, 천연자원의 고갈, 삼림 파괴,

지역 농업과 축산업의 몰락, 노천광의 웅덩이, 훼손된 언덕, 오염된 강, 유지가 불가능한 사회 시설과 같은 인간과 환경에 부담이 되는 짐만 남게 됩니다."[30]

52.   가난한 나라들의 외채는 통제 수단이 되어 버렸지만, 생태적 빚은 경우가 다릅니다. 가장 중요한 생물권 보존 지역이 있는 개발 도상국들은 자기의 현재와 미래를 희생해 가면서 부유한 국가들의 발전에 계속 이바지하고 있습니다. 남반구의 가난한 나라들의 토지는 기름지며 대부분 오염되어 있지 않지만, 구조적으로 사악한 상업 관계와 소유권의 체계 때문에 그들의 절실한 필요를 위한 재화와 자원에 대한 소유권이 차단되고 있습니다. 선진국들은 재생 불가능한 에너지의 소비를 크게 줄이고 가난한 나라들의 지속 가능한 발전 정책과 계획을 지원하여 이러한 부채를 갚는 데 도움을 주어야 합니다. 가장 가난한 지역과 나라들은 환경 영향을 줄일 수 있는 새로운 방식을 채택하기가 어렵습니다. 그에 필요한 과정을 개발하고 그 비용을 충당할 만한 여유가 없기 때문입니다. 우리는 기후 변화에 관하여 **차등적 책임**이 있다는 것을 끊임없이 인식해야 합니다. 미국의 주교들은 "힘 있는 이익 집단이 주도하는 토론에서 가난한 이들과 무력한 이들과 취약한 이들의 요구"[31]에 더욱 관심을 기울여야 한다고 말하였습니다. 우리가 하나의 인류 가족이라는 인식을 더욱 확고히 해야 합니다. 우리가 숨을 수 있

---

30. 아르헨티나 파타고니아-코마우에 주교단, 성탄 담화, 2009.12., 2항.
31. 미국 주교회의, 성명 '세계 기후 변화: 대화와 분별과 공동선의 요청'(*Global Climate Change: A Plea for Dialogue, Prudence and the Common Good*), 2001.6.15.

는 정치적 사회적 국경도 장벽도 존재하지 않습니다. 더욱이 무관심의
세계화를 위한 공간은 더욱 존재하지 않습니다.

Ⅵ. 미약한 반응

53.　이러한 상황은 누이인 지구가 세상의 모든 버려진 이들과
더불어 부르짖으며 우리가 다른 길을 찾아볼 것을 호소하게 합니
다. 우리가 지난 200년 동안 우리의 공동의 집을 아프게 하고 잘
못 다룬 것처럼 그렇게 한 적은 일찍이 없었습니다. 그런데 우리는
우리 하느님 아버지의 도구가 되라는 부르심을 받았습니다. 그래서
지구가 하느님께서 창조하실 때 바라신 그대로 존재하고 평화와 아
름다움과 충만함을 위한 당신의 계획에 맞갖은 것이 되게 해야 합
니다. 문제는 우리에게 이러한 위기에 맞서는 문화가 여전히 부족하
다는 사실입니다. 우리에게는 새로운 길을 찾아 나서고, 후손들을
위험에 빠뜨리지 않으면서 모든 이를 고려하여 현재의 요구를 충족
시켜 줄 수 있는 지도력이 부족합니다. 한계를 분명히 정하고 생태
계를 보존할 수 있는 법적 틀을 반드시 수립해야 합니다. 그러지 않
으면 기술－경제 패러다임을 바탕으로 하는 새로운 힘의 구조가 우
리의 정치는 물론 자유와 정의를 지배하게 될 것입니다.

54.　국제 정치의 반응이 얼마나 미약한지 놀라울 정도입니다.
환경에 관한 세계 정상 회담의 실패는 우리의 정치가 기술과 금융
에 지배당하고 있다는 사실을 숨김없이 보여 줍니다. 너무나 많은
특정 이익 단체들이 있고, 경제적 이익 단체들은 손쉽게 공동선을

장악하고 그들의 계획에 영향이 없도록 정보를 조작하기에 이릅니다. 「아파레시다 문헌」은 "생명의 원천을 무분별하게 파괴하는 경제 집단들의 이익이 천연자원을 다루는 일에서 우선시되어서는 안 된다."[32]고 말합니다. 경제와 기술의 동맹은 그 즉각적 이익과 무관한 모든 것을 결국 배제시켜 버립니다. 그래서 여기에서는 기껏해야 피상적인 말, 어쩌다 하는 자선 행위, 마지못해 보이는 환경에 대한 관심만을 기대할 수 있을 뿐입니다. 반면에, 사회 안에 있는 단체들이 변화를 불러일으키기 위하여 기울이는 참다운 노력은 낭만적인 환상에 근거한 골칫거리나 회피해야 할 걸림돌로 여겨집니다.

55.　일부 국가들은 점진적으로 중요한 진전을 이루고 더욱 효과적인 규제를 개발하며 부패와 맞서 싸우고 있습니다. 사람들이 생태계에 대하여 더 많은 관심을 보이고는 있지만 나쁜 소비 습관은 바꾸지 못하고 있습니다. 그러한 습관은 사라지기는 고사하고 오히려 더욱 강화되고 있습니다. 간단한 예로 냉방기 사용의 증가와 그 영향을 들 수 있습니다. 판매를 통하여 즉각적 이익을 얻는 시장은 더 많은 수요를 자극합니다. 지구 밖에서 이 세상을 관찰하는 이가 있다면 때로는 자기 파괴적으로 보이는 그러한 행동에 놀라게 될 것입니다.

56.　그러는 사이에 경제 세력들은 투기와 경제적 수익 추구를 앞세우는 현재의 세계 체제를 계속 정당화하고 있습니다. 그러나

---

32. 「아파레시다 문헌」, 471항.

이 체제는 인간 존엄과 자연환경에 미치는 악영향은 말할 것도 없고 전체적인 맥락을 고려하지 않고 있습니다. 여기에서 환경 파괴와 인간적 윤리적 타락이 밀접하게 연결되어 있음을 볼 수 있습니다. 많은 사람들은 자신이 어떤 잘못도 하지 않았다고 주장할 것입니다. 방해 공작으로 세계가 실제로 얼마나 유한하고 덧없는지를 의식하지 못하게 되었기 때문입니다. 그 결과로, "절대 규칙이 되어 버린, 신격화된 시장의 이익 앞에서 자연환경처럼 취약한 모든 것은 무방비 상태에 놓여 있습니다."[33]

57. 어떤 자원이 고갈된다면, 고귀한 명분을 내세운다 해도 결국 새로운 전쟁의 상황이 조성될 것으로 예상됩니다. 전쟁은 언제나 환경과 풍부한 민족 문화에 심각한 영향을 미치며, 누군가 핵무기와 생물학적 무기 사용을 고려한다면 그 위험은 훨씬 더 커질 것입니다. "화학전, 세균전, 생물전을 금지하는 국제 협약에도 자연의 균형을 깨뜨릴 수 있는 새로운 공격 무기의 개발을 위한 실험 연구가 계속되고 있는 것은 사실입니다."[34] 정치는 새로운 갈등을 예견하고 그러한 갈등을 일으킬 수 있는 원인들을 제거하는 데에 커다란 주의를 기울여야 합니다. 그러나 강력한 경제 세력들은 이러한 노력에 가장 격렬하게 저항하고 있고, 정치적인 계획에는 넓은 시각이 부족합니다. 이러한 상황에서, 시급하고 필요한 때에 조치를

---

33. 프란치스코, 교황 권고 「복음의 기쁨」(*Evangelii Gaudium*), 2013.11.24., 56항, 한국천주교중앙협의회, 2014(제2판 12쇄), *AAS* 105(2013), 1043면.
34. 요한 바오로 2세, 1990년 세계 평화의 날 담화, 1989.12.8., 12항, 『회보』 제56호(1990), 한국천주교중앙협의회, *AAS* 82(1990), 154면.

하지 못하는 무능력함으로 기억될 권력을 오늘 무엇 때문에 지키려 합니까?

58.   일부 국가들에서는 환경 개선에 대한 긍정적 모범들을 찾아볼 수 있습니다. 수십 년 동안 오염되었던 강을 정화하고 원시림을 복구하였습니다. 환경 개선 계획으로 자연 경관이 아름다워졌습니다. 아름다운 건물들을 세우고 오염 물질을 배출하지 않는 에너지 생산과 대중교통 개선에 진전이 이루어졌습니다. 이러한 조치들로 세계적인 문제들이 해결되는 것은 아니지만, 모든 이가 여전히 긍정적으로 관여할 수 있다는 것을 보여 줍니다. 우리는 사랑하도록 창조되었기에, 우리의 모든 한계에도 관대함과 연대와 배려에서 나오는 행동이 샘솟을 수밖에 없습니다.

59.   또한 자기만족과 경박한 무책임을 부추기는 거짓되거나 피상적인 생태론이 증가하고 있습니다. 담대한 결단이 요구되는 심각한 위기의 시기에 종종 그러하듯이, 우리는 현재 무슨 일이 벌어지고 있는지 확실히 모른다고 생각하게 되는 유혹에 빠집니다. 겉으로 보기에는 오염과 훼손에 관한 몇 가지 피상적 표징을 제외하고는 상황이 그리 심각해 보이지 않고 지구도 한동안 현재 상태를 유지할 것처럼 보입니다. 이러한 회피적 태도는 우리가 현재의 생활 양식과 생산과 소비의 방식을 유지하게 해 줍니다. 이는 악행들을 알아채고 인식하지 않으려 하고, 중요한 결정을 뒤로 미루고, 아무 일도 벌어지지 않을 것처럼 행동하는 것과 같은 인간의 자기 파괴적인 악행들을 조장하는 길입니다.

Ⅶ. 다양한 의견

60.　끝으로 우리는 이러한 상황과 가능한 해결책과 관련하여 다양한 시각과 사조가 전개되었음을 인정합니다. 한 극단에서는 발전이라는 신화를 맹목적으로 믿으며, 생태 문제는 윤리적 성찰이나 커다란 변화 없이도 단순히 새로운 기술의 적용으로 저절로 해결될 것이라고 말하는 이들이 있습니다. 또 다른 극단에서는 인간과 그 개입이 위협이 될 뿐이라서 지구 전체의 생태계를 위협하므로 지구에서 인간이 차지하고 있는 자리를 줄이고 모든 개입이 금지되어야 한다고 주장하는 이들이 있습니다. 현실성 있는 미래 계획은 이 두 가지 극단적인 관점에서 중용을 취한 것이어야 합니다. 해결 방법이 오직 하나만 있는 것은 아니기 때문입니다. 여기에는 모두 포괄적인 해결책을 마련하려는 대화를 시작할 수 있게 해 주는 여러 가지 제안이 있습니다.

61.　많은 구체적인 질문들에 대하여 교회가 단정적인 견해를 제시할 필요는 없습니다. 교회는 전문가들이 제시하는 이견들을 존중하면서 솔직한 토론을 해야 한다는 것을 알고 있습니다. 그러나 우리의 공동의 집이 심하게 손상되었다는 현실을 직시하는 것만이 필요합니다. 희망은 우리에게 언제나 헤쳐 나갈 길이 있고, 길을 바꿀 수 있으며, 문제 해결을 위하여 노력할 수 있다는 것을 인식하게 해 줍니다. 그렇지만 우리는 급속한 변화와 훼손으로 상황이 한 계점에 이르렀음을 나타내는 표징들을 볼 수 있습니다. 이러한 증상들은 대규모의 자연재해와 사회적 위기, 심지어 경제 위기에서도

분명히 드러납니다. 세계의 문제는 개별적으로 분석되거나 설명될 수 없는 것이기 때문입니다. 엄청난 위험에 놓인 지역이 있으며, 종말론적인 예언은 차치하고라도 현재 세계 체제는 여러 관점에서 봤을 때 지속될 수 없는 것이 분명합니다. 우리가 인간 활동의 목적에 대해서 생각하는 것을 멈추었기 때문입니다. "만약 우리가 우리 지구의 여러 지역들을 살펴본다면, 우리는 바로 인류가 하느님의 기대에 어긋났다는 것을 깨달을 수 있습니다."[35]

---

35. 요한 바오로 2세, 「교리 교육」, 3항, 『교황 요한 바오로 2세의 가르침』, 24/1(2001), 178.

제2장
창조의 복음

62. 선의의 모든 사람을 대상으로 하는 이 문헌에 신앙의 확신에 관한 장이 포함되어야 하는 이유가 무엇입니까? 정치와 철학 분야에서, 창조주의 개념을 단호히 부인하거나 타당하지 않다고 여기어 종교가 통합 생태론과 온전한 인류 발전을 위하여 커다란 이바지를 할 수 있다는 사실을 비합리적인 것으로 치부해 버리는 이들이 존재한다는 사실을 저는 잘 알고 있습니다. 다른 이들은 종교를 그저 관용되어야 하는 하위 문화쯤으로 여깁니다. 그럼에도 과학과 종교는 각자의 고유한 현실 접근 방식으로, 서로에게 생산적인 진지한 대화를 나눌 수 있습니다.

I. 신앙이 주는 빛

63. 생태 위기가 복합적이고 그 원인이 다양하기 때문에 해결책이 현실을 해석하고 변화시키는 한 가지 방법에서만 나올 수 없

다는 사실을 깨달아야 합니다. 이는 여러 민족들의 다양한 문화적 풍요, 곧 그들의 예술과 시, 그들의 내적 삶과 영성에 의지해야 합니다. 만약 우리가 파괴한 모든 것을 바로잡게 하는 생태론을 발전시키고자 한다면, 어떠한 학문 분야나 지혜를 배제할 수 없습니다. 여기에는 종교와 그 고유 언어도 포함됩니다. 가톨릭 교회는 철학적 사상과 나누는 대화에 열려 있습니다. 그래서 교회가 신앙과 이성의 다양한 종합을 이룰 수 있었습니다. 교회의 사회 교리의 발전은 사회 문제와 관련하여 그러한 종합을 대표한다고 할 수 있습니다. 이 사회 교리는 새로운 도전을 받아들이면서 더욱 풍요로워질 필요가 있습니다.

64. 더 나아가 이 회칙이 해방의 길을 함께 찾고자 모든 이와 나누는 대화에 열려 있지만, 저는 먼저 그리스도인과 일부 다른 신자들에게, 신앙적 확신이 자연 보호와 그들의 형제자매들 가운데 가장 취약한 이들의 보호를 위한 강력한 동기를 어떻게 부여하는지 보여 주고자 합니다. 인간으로 존재한다는 사실 자체가 사람들을 자신들이 살고 있는 환경을 돌보도록 촉구한다고 볼 때, 그리스도인도 "특히 피조물 안에서의 자기의 책임은 물론 자연과 하느님에 대한 자신의 의무가 신앙의 본질적인 부분이라는 것을 깨닫고 있습니다."[36] 그러므로 우리 믿는 이들이 우리의 확신에서 나오는 생태론적 의무를 더 잘 깨닫는 것은 인류와 세상 전체를 위해서 좋은 일입니다.

---

36. 요한 바오로 2세, 1990년 세계 평화의 날 담화, 15항.

Ⅱ. 성경 이야기의 지혜

65.　　　창조 신학 전체를 되풀이하지 않으면서, 우리는 위대한 성경 이야기가 인간과 세상의 관계에 대하여 무엇을 말하고 있는지를 물을 수 있습니다. 창세기에 나오는 첫 창조 이야기에 보면 하느님의 계획에는 인간의 창조도 포함됩니다. 남자와 여자를 창조하신 다음 "하느님께서 보시니 손수 만드신 모든 것이 **참 좋았습니다**"(창세 1,31). 성경은 모든 인간은 하느님의 사랑으로 하느님과 닮은 모습으로 창조되었다는 것을 가르쳐 줍니다(창세 1,26 참조). 이는 모든 인간이 저마다 헤아릴 수 없는 존엄을 지니고 있다는 것을 보여 줍니다. 우리 한 사람 한 사람은 "단순히 어떤 '것'이 아니라 어떤 '인격'입니다. 인간은 자신을 인식하고 자신의 주체가 되며, 자유로이 자신을 내어 주고 다른 인격들과 친교를 이룰 수 있습니다."[37] 성 요한 바오로 2세 교황께서는 모든 인간에 대한 창조주의 특별한 사랑은 "인간에게 한없는 존엄을 부여"[38]하였다고 말씀하셨습니다. 인간 존엄 수호를 위하여 노력하는 이들은 이러한 노력의 가장 근본적인 이유를 그리스도 신앙에서 찾을 수 있습니다. 모든 인간의 삶이 순전한 우연이나 무한한 순환이 지배하는 세상에서 희망 없는 혼돈 속에 떠다니지 않고 있다는 확신은 얼마나 놀라운지요! 창조주께서는 우리 한 사람 한 사람에게 다음과 같이 말씀하실 수 있

---

37. 『가톨릭 교회 교리서』(Catechismus Catholicae Ecclesiae), 한국천주교중앙협의회, 2014(제2판 12쇄), 357항.
38. 요한 바오로 2세, 독일 오스나브뤼크에서 장애인들과 바친 삼종 기도, 1980.11.16., 『요한 바오로 2세의 가르침』, 3/2(1980), 1232.

습니다. "모태에서 너를 빚기 전에 나는 너를 알았다"(예레 1,5). 우리
는 하느님 마음에서 생겨났고, 이러한 이유로 "우리 한 사람 한 사
람은 하느님의 사유의 산물입니다. 우리 한 사람 한 사람은 하느님
께서 뜻하시고 사랑하시고 필요로 하시는 존재입니다."[39]

66.　창세기에 나오는 상징적이고 서사적인 고유한 언어로 표현
된 창조 이야기는 인간의 실존과 그 역사적 실재에 대한 깊은 가르
침을 담고 있습니다. 이러한 설명은 인간의 삶이 근본적으로 서로
긴밀하게 연결된 세 가지 관계, 곧 하느님과의 관계, 우리 이웃과의
관계, 지구와의 관계에 기초를 두고 있음을 암시합니다. 성경에 따
르면 이 세 가지 핵심적인 관계는 이 세상과 우리 안에서 깨어졌습
니다. 이러한 불화가 죄입니다. 창조주와 인류와 모든 피조물의 조
화는 우리가 하느님의 자리를 차지한다고 여기고 피조물로서 우리
의 한계를 인정하지 않아서 깨어졌습니다. 결국 이는 이 땅을 "지
배"(창세 1,28)하는 우리의 임무, 곧 "그곳을 일구고 돌보는"(창세 2,15)
임무를 왜곡하게 되었습니다. 그 결과 인간과 자연이 맺은 본디의
조화로운 관계가 충돌하게 되었습니다(창세 3,17-19 참조). 아시시의
프란치스코 성인이 모든 피조물과 체험한 그 조화가 이러한 불화의
치유로 여겨진 것은 의미가 있습니다. 보나벤투라 성인은 프란치스
코 성인이 모든 피조물과 맺은 보편적 화해를 통하여 어느 모로 본
디의 순수 상태로 돌아가려 하였다고 주장하였습니다.[40] 이는 오늘

---

39. 베네딕토 16세, 교황 즉위 미사 강론, 2005.4.24., 『가톨릭 교회의 가르침』
　　34호(2005), 한국천주교중앙협의회, 31면, *AAS* 97(2005), 711면.
40. 보나벤투라, '프란치스코 성인의 주요 전설', Ⅷ, 1, *FF* 1134 참조.

날 우리의 상황과는 거리가 멉니다. 현재 상황에서 죄는 전쟁, 여러 가지 형태의 폭력과 학대, 가장 취약한 이들의 유기, 자연에 대한 공격에서 모든 파괴적인 힘으로 드러납니다.

67.　　우리는 하느님이 아닙니다. 지구는 우리보다 앞서 존재하였고 우리에게 주어졌습니다. 이러한 사실은 유다-그리스도교의 사상에 대한 비난에 응답하도록 해 줍니다. 사람들은 인간이 땅을 "지배"(창세 1,28)하게 했다는 말이 창세기에 나온다는 것을 근거로, 인간을 본성적으로 지배적이고 파괴적인 존재로 묘사하면서 유다-그리스도교 사상이 무분별한 자연 착취를 조장하였다고 주장합니다. 이는 교회가 이해한 바른 성경 해석이 아닙니다. 비록 우리 그리스도인들이 때로는 성경을 부정확하게 해석한 것이 사실이지만, 오늘날 우리는 우리가 하느님과 닮은 모습으로 창조되었고 우리에게 이 땅에 대한 지배가 부여되었다는 사실이 다른 피조물에 대한 절대적 지배를 정당화하는 것이라는 생각은 강력하게 부인해야 합니다. 성경 구절은 그 맥락 안에서 올바른 해석학을 통하여 읽어야 합니다. 성경 구절은 우리가 세상이라는 정원을 '일구고 돌보아야' 한다고 말하고 있음을 인식해야 하는 것입니다(창세 2,15 참조). '일구다'라는 말은 밭을 경작하고 갈거나 밭일을 한다는 뜻이고, '돌보다'라는 말은 보살피고 보호하며, 감독하고 보존한다는 의미입니다. 이는 인간과 자연이 서로 책임을 지는 관계를 의미합니다. 모든 공동체는 생존에 필요한 것은 무엇이든 풍요로운 땅에서 얻을 수 있으면서도, 동시에 이 땅을 보호하고 후손들을 위하여 이 땅이 계속해서 풍요로운 열매를 맺을 수 있게 해야 하는 의무도 있

습니다. '땅은 주님의 것입니다'(시편 24[23],1 참조). 그래서 "땅과 그 안에 있는 모든 것"(신명 10,14)은 주님의 것입니다. 따라서 하느님께서는 다음과 같이 말씀하시면서 절대적 소유에 대한 모든 주장을 물리치십니다. "땅을 아주 팔지는 못한다. 땅은 나의 것이다. 너희는 내 곁에 머무르는 이방인이고 거류민일 따름이다"(레위 25,23).

68.　　하느님께 속한 땅에 대한 책임은, 지성을 지닌 인간이 자연법과 이 세상의 피조물들 사이에 존재하는 정교한 균형을 존중해야 한다는 것을 의미합니다. 그 이유는 "그분께서 명령하시자 저들이 창조되었고 그분께서 저들을 세세에 영원히 세워 놓으시고 법칙을 주시니 아무도 벗어나지 않았기"(시편 148,5-6) 때문입니다. 성경의 율법은 다른 사람과의 관계뿐만 아니라 다른 생명체와의 관계를 위한 다양한 규범을 인간에게 차근차근 제시하고 있습니다. "너희는 너희 동족의 나귀나 소가 길에 넘어져 있는 것을 보거든, 그것들을 모르는 체하지 말고 반드시 너희 동족을 거들어 일으켜 주어야 한다. 너희가 길을 가다가 나무에서건 땅에서건 어린 새나 알이 있는 둥지를 보았을 때, 어미 새가 어린 새나 알을 품고 있거든, 새끼들과 함께 어미 새까지 잡아서는 안 된다"(신명 22,4.6). 이와 같은 이유로, 이렛날에 쉰다는 것은 인간이 쉰다는 것뿐만 아니라 우리의 "소와 나귀도 쉰다."(탈출 23,12 참조)는 것도 의미합니다. 분명히 성경에서는 다른 피조물을 고려하지 않는 자의적인 인간 중심주의가 통하지 않습니다.

69.　　우리는 이 땅의 재화를 책임 있게 사용해야 하고, 또한 다

른 생명체들도 하느님 보시기에 고유한 가치가 있음을 깨달을 것을 요청받습니다. "동물은 단순히 생존함으로써도 하느님을 찬미하고, 하느님께 영광을 드립니다."[41] 주님께서는 당신의 업적으로 기뻐하시기 때문입니다(시편 104[103],31 참조). 인간은 고유한 존엄과 지성을 지녔기에 피조물과 그것의 고유 법칙을 존중할 것을 요청받습니다. 이는 "주님께서 지혜로 땅을 세우셨기"(잠언 3,19 참조) 때문입니다. 오늘날 교회는, 마치 다른 피조물들이 그 고유한 가치가 없고 인간이 마음대로 다룰 수 있기나 한 듯이 인간의 이익에 완전히 종속되어 있다고 단순하게 말하지 않습니다. 독일 주교들은 다음과 같이 가르치고 있습니다. 다른 피조물들에 관하여 "**유용성**보다는 **존재**가 우선하는 것이라고 말할 수 있습니다."[42] 『가톨릭 교회 교리서』는 왜곡된 인간 중심주의를 매우 분명하고 강력하게 비판합니다. "피조물은 저마다 고유한 선과 완전성을 지니고 있습니다. …… 저마다 고유한 존재를 지니기를 하느님께서 바라신 다양한 피조물들은, 저마다 고유한 방법으로 하느님의 무한한 지혜와 선의 빛을 반영합니다. 이 때문에 인간은 각 피조물의 고유한 선을 존중하여 …… 사물의 무질서한 이용을 피해야 합니다."[43]

70.   카인과 아벨의 이야기에서 우리는 시기심에 불탄 카인이

---

41. 『가톨릭 교회 교리서』, 2416항.
42. 독일 주교회의, '피조물의 미래와 인류의 미래, 환경과 에너지 대책에 관한 독일 주교회의 성명'(*Zukunft der Schöpfung–Zukunft der Menschheit. Einklärung der Deutschen Bischofskonferenz zu Fragen der Umwelt und der Energieversorgung*), 1980, II, 2.
43. 『가톨릭 교회 교리서』, 339항.

어떻게 자기 아우를 상대로 극단적인 불의를 저지르는지를 보게 됩니다. 그 불의는 결국 카인과 하느님의 관계, 그리고 카인과 그가 쫓겨난 땅의 관계를 망쳐 버립니다. 이는 하느님과 카인의 극적인 대화에서 분명하게 찾아볼 수 있습니다. 하느님께서 물으셨습니다. "네 아우 아벨은 어디에 있느냐?" 카인이 모른다고 대답하자, 하느님께서는 추궁하며 말씀하십니다. "네가 무슨 짓을 저질렀느냐? 들어 보아라. 네 아우의 피가 땅바닥에서 나에게 울부짖고 있다. 이제 너는 저주를 받아, …… 땅에서 쫓겨날 것이다"(창세 4,9-11). 내가 책임지고 돌보고 보호해야 할 내 이웃과 바른 관계를 이루어 유지해야 하는 의무를 저버리면, 나 자신, 다른 이, 하느님, 지구와 각각 맺은 관계를 망쳐 버리게 됩니다. 이러한 모든 관계를 소홀히 하면, 정의가 이 땅에 존재하지 않게 되면, 삶 자체가 위험에 빠지게 된다고 성경이 우리에게 말해 줍니다. 이는 정의와 평화의 조건을 계속 충족시키지 못하는 인류를 하느님께서 쓸어버리시겠다고 경고하시는 노아의 이야기에 나타납니다. "나는 모든 살덩어리들을 멸망시키기로 결정하였다. 그들로 말미암아 세상이 폭력으로 가득 찼다"(창세 6,13). 상징으로 가득 찬 이러한 오래된 이야기들은 이미 오늘날 우리가 공유하는 확신을 증언하고 있습니다. 곧 모든 것은 서로 관계를 맺고, 우리 자신의 삶과 자연과 맺은 관계를 올바로 돌보는 것은 형제애, 정의, 다른 이에 대한 충실함과 떼어 놓을 수 없는 것입니다.

71.　　"사람들의 악이 세상에 많아지자"(창세 6,5) 하느님께서 "세상에 사람을 만드신 것을 후회"(창세 6,6)하셨지만, 하느님께서는 의롭고

흠 없는 노아를 통하여 구원의 길을 열기로 결정하셨습니다. 이렇게 하여 하느님께서는 인류에게 다시 시작할 수 있는 기회를 주신 것입니다. 희망을 되찾는 데에는 의로운 한 사람으로 충분합니다! 성경 전통은 이러한 회복에 하느님께서 직접 자연에 새겨 놓으신 순환의 재발견과 존중이 동반된다는 것을 분명히 보여 줍니다. 예를 들어 이는 안식일의 율법에도 나타납니다. 이렛날에 하느님께서는 모든 일을 마치고 쉬셨습니다. 하느님께서는 이스라엘이 이렛날마다 쉬도록, 곧 안식일을 지키도록 명령하셨습니다(창세 2,2-3; 탈출 16,23; 20,10 참조). 이와 유사하게 이스라엘은 일곱째 해는 땅을 위한 안식의 해로 지내게 하셨습니다(레위 25,1-4 참조). 이때에는 씨를 뿌려서는 안 되고 자신과 가족의 생계에 필요한 만큼만 거두어들일 수 있습니다(레위 25,4-6 참조). 끝으로, 안식년을 일곱 번 지내면, 곧 마흔아홉 해가 지나면, 모든 것에 대한 용서와 "땅에 사는 모든 주민에게 해방"(레위 25,10)을 선포하는 희년을 거행하도록 하셨습니다. 이러한 율법의 전개는 인간이 다른 이들과 맺은 관계와 그들이 살고 일하는 땅과 맺은 관계에 균형과 공정을 보장하고자 하는 것이었습니다. 더불어 땅의 결실을 포함하여 땅이 주는 것은 모든 이에게 속해 있다는 사실을 인정하는 것이었습니다. 땅을 경작하고 돌보는 이들은 그 결실을 특히 가난한 이들, 과부, 고아, 그리고 그들 가운데 있는 이방인들과 공유해야 하였습니다. "너희 땅의 수확을 거두어들일 때, 밭 구석까지 모조리 거두어들여서는 안 된다. 거두고 남은 이삭을 주워서도 안 된다. 너희 포도를 남김없이 따 들여서는 안 되고, 포도밭에 떨어진 포도를 주워서도 안 된다. 그것들을 가난한 이와 이방인을 위하여 남겨 두어야 한다"(레위 19,9-10).

72. 시편은 창조주 하느님을 찬송하라고 자주 우리에게 권유합니다. 하느님께서는 "땅을 물 위에 펼쳐 놓으신 분"으로 "주님의 자애는 영원"(시편 136[135],6) 합니다. 또한 시편은 우리와 함께 찬미하도록 다른 피조물들을 초대합니다. "주님을 찬양하여라, 해와 달아. 주님을 찬양하여라, 반짝이는 모든 별들아. 주님을 찬양하여라, 하늘 위의 하늘아 하늘 위에 있는 물들아. 주님의 이름을 찬양하여라, 그분께서 명령하시자 저들이 창조되었다"(시편 148,3-5). 우리는 하느님의 권능으로만이 아니라, 하느님을 마주하며 하느님과 더불어 살아갑니다. 그래서 우리는 그분을 흠숭하는 것입니다.

73. 예언자들의 글은 세상을 창조하신 전능하신 하느님을 관상함으로써, 시련의 때에 다시 힘을 얻도록 우리를 초대합니다. 하느님의 무한한 권능이 우리를 하느님 부성의 온유함에서 벗어나게 하는 것은 아닙니다. 하느님 안에서 사랑과 권능이 결합되어 있기 때문입니다. 사실 모든 건전한 영성은 하느님의 사랑을 받아들이면서 그 무한한 권능에 대한 신뢰로 주님을 찬미하는 것을 의미합니다. 성경에 나오는 해방시키시고 구원하시는 바로 그 하느님께서 세상을 창조하셨습니다. 그리고 하느님의 이 두 활동 방식은 긴밀하고 분리할 수 없게 연결되어 있습니다. "아, 주 하느님, 당신께서는 큰 권능과 뻗은 팔로 하늘과 땅을 만드셨으니, 당신께는 어려운 일이 하나도 없습니다. …… 당신께서는 표징과 기적들로 당신 백성 이스라엘을 이집트 땅에서 이끌어 내셨습니다"(예레 32,17.21). "주님은 영원하신 하느님, 땅끝까지 창조하신 분이시다. 그분께서는 피곤한 줄도 지칠 줄도 모르시고 그분의 슬기는 헤아릴 길이 없다. 그분께

서는 피곤한 이에게 힘을 주시고 기운이 없는 이에게 기력을 북돋아 주신다"(이사 40,28-29).

74. 바빌론 유배의 경험은 영적 위기를 가져왔으나, 이 위기가 하느님에 대한 더욱 깊은 믿음을 이끌어 냈습니다. 그 경험은 하느님의 창조적 전능을 드러내어 불행한 상황 가운데에서도 희망을 되찾으라고 사람들에게 촉구하였습니다. 그로부터 수 세기가 지난 다음, 로마 제국이 절대 지배를 행사하려는 가운데 찾아온 또 다른 시련과 박해의 시기에, 믿는 이들은 전능하신 하느님에 대한 믿음을 다시 굳세게 하여 위로와 희망을 찾으며 다음과 같이 노래하였습니다. "전능하신 주 하느님, 주님께서 하신 일은 크고도 놀랍습니다. …… 주님의 길은 의롭고 참되십니다"(묵시 15,3). 무에서 세상을 창조하신 하느님께서는 이 세상에 관여하시고 온갖 악을 물리치실 수 있습니다. 그러므로 불의가 무적은 아닌 것입니다.

75. 전능하신 창조주 하느님을 망각하는 영성은 받아들일 수 없습니다. 만약 이를 받아들인다면 우리는 세상의 다른 힘 있는 것을 숭배하거나 하느님의 자리를 빼앗고, 심지어 그분의 피조물을 우리 발아래 두며 짓밟아 버리는 제한 없는 권리를 요구하는 지경에 이르게 될 것입니다. 이 땅의 절대적 지배에 대한 인간의 주장을 멈추고 인간이 제자리를 찾는 가장 좋은 방법은, 창조주이시며 이 세상의 유일한 주인이신 하느님 아버지의 모습을 다시 알려 주는 것입니다. 그렇게 하지 않으면 인간이 언제나 자기만의 법과 관심을 강요하려고 할 것이기 때문입니다.

Ⅲ. 세상의 신비

76. 유다-그리스도교 전통에서 말하는 '창조'는 자연보다 더 큰 의미를 담고 있습니다. 이는 하느님의 사랑이 넘치는 계획, 곧 모든 피조물이 저마다의 가치와 의미를 지닌 것과 관련되기 때문입니다. 일반적으로 자연은 인간이 분석, 이해, 통제하는 체계로 여겨지는 반면에, 창조는 모든 것의 아버지이신 하느님께서 손을 내미시어 주신 선물로, 우리가 함께 보편적 친교(universal communion)*를 이루도록 요청하는 사랑으로 비추어진 실재로 이해될 뿐입니다.

77. "주님의 말씀으로 하늘이, …… 만들어졌네"(시편 33[32],6). 이는 세상이 결단의 결과로 만들어진 것이지 혼돈이나 우연의 산물이 아니라는 것을 말해 주며, 세상을 더욱 찬미하게 합니다. 창조의 말씀은 자유로운 선택을 나타냅니다. 세상은 자의적인 전능, 곧 힘의 과시나 자기 과시의 욕망에서 생겨난 것이 아닙니다. 창조는 사랑의 질서입니다. 하느님 사랑은 모든 피조물 안에 있는 근본적 동력입니다. "당신께서는 존재하는 모든 것을 사랑하시며 당신께서 만드신 것을 하나도 혐오하지 않으십니다. 당신께서 지어 내신 것을 싫어하실 리가 없기 때문입니다"(지혜 11,24). 그래서 모든 피조물은 그 각자의 자리를 세상에 마련해 주신 하느님 아버지의 온유

---

* 역자 주: 창조주 하느님께서 시간과 공간을 초월하여 인간을 비롯한 온 세상 우주 만물과 친교를 맺고 계시며, 또한 인간과 인간 그리고 인간과 모든 피조물과 친교를 이루도록 요청된다는 뜻으로, 이를 우리말로는 '보편적 친교'로 옮김.

함의 대상입니다. 가장 하찮은 것의 덧없는 생명조차도 하느님 사랑의 대상이며, 아주 잠깐 살아 있어도 하느님께서는 그것을 사랑으로 감싸 안아 주십니다. 대 바실리오 성인은 창조주를 "무한한 선"[44]으로 묘사하고, 단테 알리기에리는 "태양과 별을 움직이는 사랑"[45]이라고 말하였습니다. 그래서 우리는 창조된 것들에서부터 "하느님의 위대하심에 그리고 그분의 사랑이 넘치는 자비"[46]에까지 이를 수 있는 것입니다.

78. 또한 유다-그리스도교의 사유는 자연의 탈신화화를 이끌었습니다. 자연의 아름다움과 웅장함을 언제나 찬미하면서도 자연 안에 신성이 깃들어 있지는 않다고 여긴 것입니다. 이리하여 자연에 대한 우리 인간의 책임이 더욱 강조되었습니다. 자연을 이처럼 새롭게 보는 것이, 이 세상의 일부로서 자연을 보호하고 그 잠재력을 발전시켜야 할 의무가 있는 인간의 자유와 책임을 잃어버리는 것이 결코 아닙니다. 만약 우리가 자연의 가치와 취약함을 깨닫는 동시에 하느님께서 우리에게 주신 능력을 깨닫는다면, 무한한 물질적 발전이라는 근거 없는 현대 신화를 깨뜨릴 수 있습니다. 하느님께서 인간의 보호에 맡기신 취약한 세상은 우리의 힘을 이끌고 발전시키고 제한하는 현명한 방법을 찾을 것을 요청합니다.

---

44. 대 바실리오, 「6일 창조에 관한 강론」(*Homiliae in Hexaemeron*), I, 2, 10, 『그리스 교부 총서』(*Patrologia Graeca: PG*), 29, 9.

45. 단테 알리기에리(Dante Alighieri), 「천국편」(*Paradiso*), 33, 145, 『신곡』(*Divina Commedia*).

46. 베네딕토 16세, 「교리 교육」(*Catechesis*), 2005.11.9., 3항, 『베네딕토 16세의 가르침』(*Insegnamenti di Benedetto XVI*), 1(2005), 768.

79. 열린 의사소통 체계로 구성된 이 세상에서 우리는 수많은 형태의 관계와 참여를 발견할 수 있습니다. 이는 모든 것이 하느님의 초월성에 열려 있고 그 안에서 발전한다는 생각으로 이끕니다. 신앙은 우리 눈앞에 전개되는 것의 의미와 신비한 아름다움을 설명할 수 있게 해 줍니다. 우리는 자유롭게 우리의 지성을 사물의 긍정적 발전에 쓸 수도 있지만, 새로운 악, 새로운 고통의 원인, 실질적인 퇴보를 가중시키는 데 쓸 수도 있습니다. 이것이 인간 역사를 긴장되고 극적인 것으로 만듭니다. 인간 역사는 자유, 성장, 구원, 사랑 안에서 전개되거나 타락과 상호 파괴의 길로 전개될 수도 있는 것입니다. 그래서 교회는 그 활동으로 자연 보호의 의무를 상기시켜 줄 뿐만 아니라 "무엇보다도 인류가 자멸하지 않도록 보호해야 합니다."[47]

80. 그러나 우리와 함께 일하기를 바라시며 우리의 협력을 기대하시는 하느님께서는 우리가 저지른 악행에서도 좋은 결과를 이끌어 내실 수 있습니다. "성령께서는 거룩한 정신에 합당한 무한한 창조력을 소유하시어 가장 복잡하고 풀 수 없는 인간 문제의 매듭을 푸는 방법을 알고 계시기"[48] 때문입니다. 발전해야 하는 세상을 창조하실 때 하느님께서는 어느 정도 자제하고자 하셨습니다. 이리하여 우리가 이 세상에서 악이나 위험 또는 고통의 원천으로 여기는 많은 것들은 사실 우리가 창조주께 협력하도록 이끄는 산고의 일

---

47. 「진리 안의 사랑」, 51항.
48. 요한 바오로 2세, 「교리 교육」, 1991.4.24., 6항, 『요한 바오로 2세의 가르침』, 14(1991), 856.

부가 됩니다.[49] 하느님께서는 피조물들의 자율성을 침해하지 않으시면서 모든 존재의 가장 깊은 내면에 현존하시어 현세 사물의 합당한 자율성을 가져옵니다.[50] 하느님의 거룩한 현존은 모든 존재의 생존과 성장을 보장해 주며, "창조 사업을 계속 이어 나갑니다."[51] 하느님의 성령께서 이 세상을 가능성으로 가득 채우셨기에 사물의 내면 깊숙한 곳에서 언제나 새로운 것이 나타날 수 있습니다. "자연은 사물 안에 새겨진 어떤 예술, 곧 하느님 예술의 이성에 다름없습니다. 이 이성을 통하여 사물은 특정한 목적을 향해 나아갑니다. 이는 마치 배를 만드는 사람이 나무에 스스로 배의 형상을 취할 수 있는 능력을 부여하는 것과 같습니다."[52]

81.   우리가 진화 과정을 추정할 수 있지만, 인간은 다른 열린 체계들의 진화로는 온전히 설명할 수 없는 고유함을 지니고 있습니다. 우리는 저마다 인격적인 정체성을 지니고 있어서 다른 이들과 대화하고 하느님과도 직접 대화할 수 있습니다. 우리의 성찰, 논증, 창의성, 해석, 예술 활동 능력은 아직 드러나지 않은 다른 능력들과 더불어 물리학과 생물학의 영역을 넘어서는 고유함을

---

49. 가톨릭 교리서는, 하느님께서는 "궁극적 완성을 향해 가는 '진행의 상태'로서 자유로이 세상을 창조하셨다."고 설명하며, 이는 덜 완전한 것과 물리적 악이 존재한다는 것을 의미한다(『가톨릭 교회 교리서』, 310항 참조).
50. 제2차 바티칸 공의회, 현대 세계의 교회에 관한 사목 헌장 「기쁨과 희망」(*Gaudium et Spes*), 36항, 『제2차 바티칸 공의회 문헌』, 한글판, 한국천주교중앙협의회, 2014(제3판 7쇄) 참조.
51. 토마스 아퀴나스, 「신학 대전」(*Summa Theologiae*), I, q.104, art.1, ad.4.
52. 토마스 아퀴나스, 『아리스토텔레스의 물리학 해설 전집 8권』(*In Octo Libros Physicorum Aristotelis Expositio*), 제2권, 14장.

보여 주는 것입니다. 물질세계 안에서 인간이라는 존재가 등장한 데에 따른 질적인 새로움은 하느님의 직접적 행위를 전제로 하고, 또한 생명으로 이끄시며 [하느님이신] '당신'(Tu)과 [인간인] '너'(tu)가 맺는 관계로 이끄시는 특별한 부르심을 전제로 합니다. 창조에 관한 성경 이야기는 모든 인간이 객체의 지위로 격하될 수 없는 주체임을 알게 해 줍니다.

82.   그러나 다른 생명체들이 인간의 자의적인 지배 아래에 놓이는 단순한 대상이라고 여겨져야만 한다는 생각도 그릇된 것일 수 있습니다. 자연을 단지 이윤과 이익의 대상으로만 여긴다면, 이는 사회에도 심각한 결과를 초래합니다. 강자의 자의를 옹호하는 관점은 대부분의 인류에게 엄청난 불평등, 불의, 폭력을 낳습니다. 이 경우에 자원은 먼저 차지하거나 가장 힘이 센 자의 것이 되어 버리고 말기 때문입니다. 곧 승자가 모든 것을 차지하게 되는 것입니다. 이는 예수님께서 제시하신 조화, 정의, 형제애, 평화의 이상에 크게 어긋나는 것입니다. 그래서 예수님께서는 당대의 세력가들에게 이렇게 말씀하셨습니다. "너희도 알다시피 다른 민족들의 통치자들은 백성 위에 군림하고, 고관들은 백성에게 세도를 부린다. 그러나 너희는 그래서는 안 된다. 너희 가운데에서 높은 사람이 되려는 이는 너희를 섬기는 사람이 되어야 한다"(마태 20,25-26).

83.   이 세상의 궁극적인 목적은 하느님의 충만 안에 놓여 있습니다. 이 충만은 모든 보편적 성숙의 중심이 되시는 부활하신 그리

스도를 통하여 이미 이루어졌습니다.[53] 이러한 방식으로 우리는 다른 피조물들에 대한 인간의 모든 무책임한 전제적 지배에 대한 또 다른 반론을 제기할 수 있습니다. 다른 피조물들의 궁극적인 목적은 우리가 아닙니다. 오히려 모든 피조물은 부활하신 그리스도께서 모든 것을 품으시고 비추시는 초월적 충만 안에서 우리와 더불어 그리고 우리를 통하여 공동의 도착점, 곧 하느님을 향하여 앞으로 나아가고 있습니다. 지성과 사랑이 부여된 인간은 그리스도의 충만으로 이끌려 모든 피조물을 그들의 창조주께 인도하라는 부르심을 받습니다.

Ⅳ. 창조의 조화 안에서 모든 피조물이 전하는 메시지

84.　　인간이 하느님의 모습을 닮았다고 내세울 때에 모든 피조물이 각기 기능이 있고 그 어느 것도 필요 없지 않다는 사실을 잊어서는 안 됩니다. 물질세계 전체는 하느님의 사랑, 곧 우리에 대한 무한한 자애를 나타냅니다. 흙과 물과 산, 이 모든 것으로 하느님께서 우리를 어루만지십니다. 하느님과 우리의 우정의 역사는 언제나 매우 개인적인 의미를 지니는 특정 장소와 연결되어 있습니다. 우리는 모두 좋은 추억이 깃든 장소를 마음에 담아 둡니다. 산속에서

---

53. 이에 관해서는 테야르 드 샤르댕(Teilhard de Chardin) 신부의 업적을 참조할 것.; 참조: 바오로 6세, 화학 의약 공장에서 한 연설, 1966.2.24., 『바오로 6세의 가르침』(*Insegnamenti di Paolo VI*), 4(1966), 992-993; 요한 바오로 2세, 코인(George Coyne) 신부에게 보낸 편지, 1988.6.1., 『요한 바오로 2세의 가르침』, 11/2(1988), 1715; 베네딕토 16세, 아오스타 주교좌성당 저녁 기도 강론, 2009.7.24., 『베네딕토 16세의 가르침』, 5/2(2009), 60.

성장하거나 어릴 때 냇가에 앉아 물을 마셔 본 이들, 또는 동네 공터에서 놀아 본 이들이 그 추억의 장소로 돌아가면 자신의 고유한 정체성을 되찾으라는 부름을 받았다고 느끼게 됩니다.

85.   하느님께서는 소중한 책을 쓰셨습니다. 이 책의 "글들은 세상에 존재하는 다양한 피조물들입니다."[54] 캐나다 주교들은 하느님의 이러한 계시에서 배제된 피조물은 단 하나도 없다는 사실을 잘 표현하였습니다. "가장 뛰어난 장관에서부터 가장 작은 생명체에 이르기까지 자연은 경탄과 경외의 끊임없는 원천입니다. 이는 또한 하느님의 끊임없는 계시입니다."[55] 일본 주교들도 매우 시사하는 바가 있는 말을 하였습니다. "모든 피조물이 자신의 존재를 노래하고 있음을 알아채는 것은 하느님 사랑과 희망 안에서 기쁘게 살아가는 것을 의미합니다."[56] 피조물에 관한 이러한 관상은 모든 것을 통하여 하느님께서 우리에게 주고자 하시는 가르침을 발견하게 합니다. "믿는 이들에게 피조물에 관한 관상은 메시지를 듣고, 역설적인 무언의 음성에 귀 기울이는 것입니다."[57] 우리는 "성경에 담겨 있

54. 요한 바오로 2세, 「교리 교육」, 2002.1.30., 6항, 『요한 바오로 2세의 가르침』, 25/1(2002), 140.
55. 캐나다 주교회의 사회 문제 위원회, 사목 교서 '하느님께서는 존재하는 모든 것을 사랑하십니다. 모든 것은 하느님의 것입니다. 하느님께서는 생명을 사랑하시는 분이십니다'(You Love All that Exists. All Things are Yours, God, Lover of Life), 2003.10.4., 1항.
56. 일본 주교회의, '생명에 대한 경외. 21세기를 위한 담화'(Reverence for Life. A Message for the Twenty-First Century), 2000.1.1., 89항.
57. 요한 바오로 2세, 「교리 교육」, 2000.1.26., 5항, 『요한 바오로 2세의 가르침』, 23/1(2000), 123.

는 고유한 계시와 더불어, 작렬하는 태양과 드리워진 어둠 안에도 하느님께서 계시하시는 것이 있다."[58]고 말할 수 있습니다. 이러한 계시에 주의를 기울이면 인간은 다른 피조물들과 이루는 관계 안에서 자신을 깨닫는 법을 배우게 됩니다. "나는 세상을 표현하면서 나 자신을 표현합니다. 나는 세상의 거룩함을 헤아려 보면서 나 자신의 거룩함을 살펴봅니다."[59]

86.   다양한 관계를 맺고 있는 이 세상 전체는 하느님의 다함없으신 풍요를 보여 줍니다. 토마스 아퀴나스 성인은 다수성과 다양성이 "제1원인의 뜻"에서 나온다고 현명하게 강조하였습니다. 그 제1원인은 "하느님의 선하심을 드러내시고자 각 사물 안에 부족한 것이 다른 것들로 보충되기를 바라신 분"[60]이셨습니다. 하느님의 선하심은 "단 하나의 피조물이 적절하게 반영할 수 없기"[61] 때문입니다. 그러므로 우리는 그 다양한 관계 안에서 피조물의 다양성을 이해해야 합니다.[62] 그래서 우리는 하느님의 전체 계획에서 성찰할 때 모든 피조물의 의미와 중요성을 더 잘 이해하게 될 것입니다. 『가톨릭 교회 교리서』는 다음과 같이 가르치고 있습니다. "하느님께서는 피조물들이 서로 의존하기를 바라신다. 해와 달, 전나무와 작은 꽃

---

58. 요한 바오로 2세, 「교리 교육」, 2000.8.2., 3항, 『요한 바오로 2세의 가르침』, 23/2(2000), 112.
59. 폴 리쾨르(Paul Ricoeur), 『의지의 철학, 제2권: 유한성과 책임』(*Philosophie de la Volonté, t. II: Finitude et Culpabilité*), 파리, 2009, 216.
60. 「신학 대전」, I, q.47, art.1.
61. 「신학 대전」, I, q.47, art.1.
62. 「신학 대전」, I, q.47, art.2, ad.1; art.3 참조.

한 송이, 독수리와 참새, 이들의 무수한 다양성과 차별성의 장관은 어떠한 피조물도 스스로는 불충분함을 의미한다. 이들은 다른 피조물에 의존하여 서로 보완하며, 서로에게 봉사하면서 살아간다."[63]

87.   우리가 존재하는 모든 것이 하느님을 반영하고 있음을 깨닫게 되면 모든 피조물에 대하여 주님께 찬미를 드리고 피조물과 함께 주님을 흠숭하려는 마음을 품게 됩니다. 이러한 찬미와 흠숭은 아시시의 프란치스코 성인의 아름다운 노래에서 나타납니다.

> "저의 주님, 찬미받으소서.
> 주님의 모든 피조물과 함께,
> 특히 형제인 태양으로 찬미받으소서.
> 태양은 낮이 되고 주님께서는 태양을 통하여
> 우리에게 빛을 주시나이다.
> 태양은 아름답고 찬란한 광채를 내며
> 지극히 높으신 주님의 모습을 담고 있나이다.
>
> 저의 주님, 찬미받으소서.
> 누이인 달과 별들로 찬미받으소서.
> 주님께서는 하늘에 달과 별들을
> 맑고 사랑스럽고 아름답게 지으셨나이다.

---

63. 『가톨릭 교회 교리서』, 340항.

저의 주님, 찬미받으소서.

형제인 바람과 공기로,

흐리거나 맑은 온갖 날씨로 찬미받으소서.

주님께서는 이들을 통하여 피조물들을 길러 주시나이다.

저의 주님, 찬미받으소서.

누이인 물로 찬미받으소서.

물은 유용하고 겸손하며 귀하고 순결하나이다.

저의 주님, 찬미받으소서.

형제인 불로 찬미받으소서.

주님께서는 불로 밤을 밝혀 주시나이다.

불은 아름답고 쾌활하며 활발하고 강하나이다."[64]

88. 브라질 주교들은 자연 전체가 하느님을 드러내 보일 뿐만 아니라 그분의 현존의 자리임을 강조하였습니다. 모든 피조물 안에는 생명을 주시는 성령께서 살아 계시며 우리가 하느님과 관계를 맺도록 초대하십니다.[65] 이러한 현존의 발견은 우리가 "생태적 덕목들"[66]을 키워 나가게 합니다. 이는 하느님의 충만을 지니고 있지 않은 이 세상 만물과 하느님 사이에 무한한 거리가 있다는 것을 잊지

---

64. 피조물의 찬가, *FF* 263.
65. 브라질 주교회의, '교회와 생태적 문제들'(*A Igreja e a Questão Ecológica*), 1992, 53-54항 참조.
66. '교회와 생태적 문제들', 61항.

않는 것입니다. 그렇지 않으면 우리가 피조물들을 잘 대할 수 없을 것입니다. 우리가 그들에 적합한 고유한 자리를 인정하지 못할 것이기 때문입니다. 그래서 결국 우리는 피조물들이 워낙 작아서 우리에게 줄 수 없는 것들을 무리하게 요구하게 될 것입니다.

V. 보편적 친교

89. 이 세상의 피조물들에 주인이 없다고 할 수 없습니다. "생명을 사랑하시는 주님, 모든 것이 당신의 것입니다"(지혜 11,26). 이것이 한 분이신 아버지께서 창조하신 우주의 일부로서 우리는 모두 서로 보이지 않는 끈으로 연결되어 있고, 일종의 보편 가정, 거룩하고 사랑이 넘치며 겸손한 존중으로 우리를 채우는 숭고한 친교를 함께 이룬다는 확신의 근거입니다. 여기에서 저는 다시 한번 강조하고 싶습니다. "하느님께서는 우리 육신을 통하여 우리를 둘러싼 세상과 긴밀하게 결합시켜 주셨습니다. 그리하여 우리는 토양의 사막화를 마치 우리 몸이 병든 것처럼 느끼고 동식물의 멸종을 우리 몸이 떨어져 나가는 것처럼 고통스럽게 느낍니다."[67]

90. 이는 모든 생명체를 동일한 수준에 두는 것도, 엄청난 책임이 따르는 인간 고유의 가치를 빼앗는 것도 의미하지 않습니다. 또한 지구와 협력하고 지구의 취약함을 돌보는 소명을 빼앗는 지구의 신격화를 의미하지 않습니다. 그러한 생각은 결국 새로운 치우

67. 「복음의 기쁨」, 215항.

친 생각을 낳아 우리에게 당면한 현실에서 도피하도록 이끌게 됩니다.[68] 때때로 인간의 그 어떤 뛰어남도 부인하려는 강박이 일어납니다. 그리고 모든 인간이 동등하게 누리는 존엄을 수호하는 것보다 다른 생물종들을 보호하는 것에 더욱 열정을 쏟습니다. 분명히 우리는 다른 생명체들을 무책임하게 다루지 않도록 관심을 기울여야 합니다. 그러나 무엇보다도 우리들 가운데 존재하는 엄청난 불평등에 분개해야 합니다. 우리가 여전히 어떤 이들이 자신을 다른 이들보다 더 존귀하다고 여기는 것을 묵인하고 있기 때문입니다. 우리는 여전히 다음과 같은 사실을 모르고 있습니다. 어떤 이들은 비참한 곤경에 빠져 거기에서 헤어 나올 방법이 없는 반면에, 또 다른 이들은 자기의 재산을 주체할 수 없어 하며, 허영에 빠져 잘난 척합니다. 그리고 만약 이런 일이 모든 곳에서 일어난다면 지구를 파괴하는 엄청난 쓰레기를 만들어 냅니다. 실제로 어떤 이들이 자신을 마치 더 많은 권리를 지니고 태어나 다른 이들보다 더 우월한 존재로 여기는 것이 여전히 묵인되고 있는 것입니다.

91.　　인간에 대한 온유, 연민, 배려의 마음이 없다면 자연의 다른 피조물과도 깊은 친교를 올바로 느낄 수 없습니다. 인신매매에 완전히 무관심하며, 가난한 이들을 배려하지 않고, 맘에 들지 않는 이들을 해치려는 마음을 지니면서, 멸종 위기에 놓여 있는 생물종들의 매매와 맞서 싸우는 것은 분명히 모순입니다. 이는 환경 보호의 의미를 훼손시키는 일입니다. 프란치스코 성인이 피조물에 대하

---

68. 「진리 안의 사랑」, 14항 참조.

여 하느님을 찬미하는 노래에서 다음과 같이 덧붙인 것은 우연이 아닙니다. "저의 주님, 찬미받으소서. 주님을 향한 사랑으로 용서하는 이들로 찬미받으소서." 모든 것은 서로 연결되어 있습니다. 그렇기 때문에 환경 보호는 인간에 대한 참된 사랑과 사회 문제 해결을 위한 끊임없는 노력과 연결되어야 합니다.

92. 또한 보편적 친교에 마음을 열면, 이러한 형제애에서 그 누구도, 그 무엇도 제외되지 않습니다. 그러므로 이 세상의 다른 피조물들에 대한 무관심이나 잔혹함은 언제나 어느 모로든 다른 사람을 대하는 방식에 영향을 미칩니다. 우리의 마음은 하나여서 동물을 학대하도록 이끄는 비열함은 곧 다른 사람과의 관계에 나타나게 됩니다. 그 어떤 피조물에 대한 것이든 모든 학대는 "인간의 존엄성에 어긋나는 것"[69]입니다. 만약 우리가 현실의 그 어떤 측면이라도 소홀히 한다면, 우리가 큰 사랑을 한다고 여길 수 없습니다. "평화와 정의 그리고 피조물 보호는 서로 철저하게 연결된 주제입니다. 이를 분리하여 개별 주제로 다루면 결국 환원주의에 빠지게 될 것입니다."[70] 모든 것은 서로 관련됩니다. 모든 인간은 하느님 사랑으로 서로 엮여서 형제자매로 일치되어 멋진 순례를 하고 있습니다. 이 사랑은 모든 피조물을 위한 것으로, 우리를 형제인 태양, 자매인 달, 형제인 강, 어머니인 대지와 온유한 애정으로 하나가 되게 해 줍니다.

---

69. 『가톨릭 교회 교리서』, 2418항.
70. 도미니카 주교회의, 사목 교서 '자연과 인간의 관계에 관하여'(*Sobre la relación del hombre con la naturaleza*), 1987.1.21.

VI. 재화의 공통적 목적

93.   오늘날 우리는 신앙인이든 아니든 모두, 지구가 본질적으로 공동 유산이므로 그 열매는 모든 이에게 유익이 되어야 한다는 사실에 동의합니다. 신앙인들에게 이는 창조주에 대한 충실의 문제가 됩니다. 하느님께서는 모든 이를 위하여 세상을 창조하셨기 때문입니다. 따라서 모든 생태적 접근은 가장 취약한 이들의 기본권을 배려하는 사회적 관점을 포함해야 합니다. 그래서 사유 재산이 재화의 보편 목적에 종속된다는 원칙, 그리고 이에 따른 공동 사용 권리는 사회 활동의 '황금률'이고 "윤리적 사회적 질서 전체의 제1원리"[71]입니다. 그리스도교 전통은 사유 재산권을 절대적이거나 침해할 수 없는 것으로 인정한 적이 없으며, 모든 형태의 사유 재산의 사회적 기능을 강조하였습니다. 성 요한 바오로 2세 교황께서는 이 가르침을 강조하시며 "하느님께서는 온 인류에게 땅을 주시어 **아무도 제외되거나 특권을 누리지 않고** 그 모든 성원들의 생계를 유지하게 하셨다."[72] 하고 말씀하셨습니다. 이는 매우 의미 있고 강력한 말씀입니다. 교황께서는 "인격적 사회적 권리, 경제적 정치적 권리, 그리고 국가들과 민족들의 권리를 존중하지 않고 신장시키지 않는 개발 유형은 진정 인간에게 가치가 있는 것이 못된다."[73]라고 지적하셨습니다. 교황께서는 다음과 같

---

71. 요한 바오로 2세, 회칙 「노동하는 인간」(*Laborem Exercens*), 1981.9.14., 19항, 한국천주교중앙협의회, 2002(제2판 1쇄), *AAS* 73(1981), 626면.
72. 「백주년」, 31항.
73. 「사회적 관심」, 33항.

이 명확하게 설명하셨습니다. "사실 교회는 사유 재산의 합법적 권리를 옹호합니다. 그러나 또한 분명히 모든 사유 재산에 대한 사회적 부채가 있다는 사실도 언제나 가르칩니다. 재화는 하느님께서 정하신 보편적 목적에 이바지해야 하기 때문입니다."[74] 그래서 "이 선물을 소수를 위하여 사용한다면 하느님의 계획에 맞갖지 않은 것입니다."[75] 이는 인류의 일부 불의한 이들의 습관에 대하여 심각한 의문을 제기하는 것입니다.[76]

94. 부유한 이와 가난한 이는 동등한 존엄을 지닙니다. "이들을 모두 지으신 분은 주님"(잠언 22,2)이시기 때문입니다. "작거나 크거나 다 그분께서 만드셨고"(지혜 6,7), "그분께서는 악인에게나 선인에게나 당신의 해가 떠오르게"(마태 5,45) 하십니다. 이는 파라과이 주교들의 말처럼 실질적인 결론을 낳습니다. "모든 농민에게는 땅을 적당히 분배받아, 그 땅 위에 자신의 가정을 꾸미고, 가족을 부양하며 생존을 보장받아야 하는 자연권이 있습니다. 다시 말해서 이러한 권리는 허상이 아니라 우리가 현실적으로 행사하도록 보장되어야 하는 것입니다. 농민들은 땅문서를 확보하는 것은 물론 기술 훈련, 대출, 보험 가입, 시장 거래를 할 수 있어야 합니다."[77]

---

74. 요한 바오로 2세, 토착민과 농민들에게 한 연설, 멕시코 쿠일라판, 1979.1.29., 6항, *AAS* 71(1979), 209면.
75. 요한 바오로 2세, 농민을 위한 미사 강론, 브라질 헤시피, 1980.7.7., *AAS* 72(1980), 926면.
76. 요한 바오로 2세, 1990년 세계 평화의 날 담화, 8항 참조.
77. 파라과이 주교회의, 사목 교서 '파라과이 농민과 땅'(*El Campesino Paraguayo y la Tierra*), 1983.6.12., 2,4항.

95. 자연환경은 모든 인류의 유산이며 모든 사람이 책임져야 하는 공공재입니다. 그 가운데 어떤 것을 사유화해도, 모든 이의 이익을 위하여 관리해야 하는 것입니다. 그렇게 하지 않는다면 우리는 다른 이들의 생존을 부인하며 우리의 양심을 거스르게 됩니다. 이러한 까닭에 뉴질랜드 주교들이, "세계 인구의 20퍼센트가 가난한 나라와 미래 세대의 사람들에게서 그들의 생존에 필요한 것을 훔치면서까지 자원을 소비하고 있을"[78] 때, "사람을 죽이지 마라."라는 계명은 어떤 의미인지 묻고 있는 것입니다.

Ⅶ. 예수님의 눈길

96. 예수님께서는 창조주 하느님에 대한 성경의 신앙을 받아들이시면서 근본적인 사실을 강조하셨습니다. 곧 하느님께서 아버지시라는 진리입니다(마태 11,25 참조). 예수님께서는 제자들과 대화를 나누시면서, 하느님께서 모든 피조물과 아버지로서 맺으신 관계를 깨달으라고 권유하시며, 하느님 보시기에는 그들 모두 중요하다는 사실을 감동적인 온유함으로 상기시켜 주셨습니다. "참새 다섯 마리가 두 닢에 팔리지 않느냐? 그러나 그 가운데 한 마리도 하느님께서 잊지 않으신다"(루카 12,6). "하늘의 새들을 눈여겨보아라. 그것들은 씨를 뿌리지도 않고 거두지도 않을 뿐만 아니라 곳간에 모아들이지도 않는다. 그러나 하늘의 너희 아버지께서는 그것들을 먹여 주신다"(마태 6,26).

---

78. 뉴질랜드 주교회의, '환경 문제에 관한 성명'(*Statement on Environmental Issues*), 2006.9.1.

97.   주님께서는 세상에 있는 아름다움에 주의를 기울이라고 다른 이들에게 권유하실 수 있었습니다. 주님께서는 언제나 자연과 관계를 이루시면서 큰 사랑과 경탄으로 자연에 관심을 기울이셨기 때문입니다. 당신께서 사시던 지역의 구석구석을 다니시다가 잠시 머무시면서 당신의 아버지께서 심어 놓으신 아름다움을 음미하시고는, 그 안에 담긴 하느님의 메시지를 이해하도록 당신 제자들에게 권유하셨습니다. "눈을 들어 저 밭들을 보아라. 곡식이 다 익어 수확할 때가 되었다"(요한 4,35). "하늘 나라는 겨자씨와 같다. 어떤 사람이 그것을 가져다가 자기 밭에 뿌렸다. 겨자씨는 어떤 씨앗보다도 작지만, 자라면 어떤 풀보다도 커져 나무가 된다"(마태 13,31-32).

98.   예수님께서는 피조물과 완전한 조화를 이루며 사셨기에 다른 이들이 놀라워하였습니다. "이분이 어떤 분이시기에 바람과 호수까지 복종하는가?"(마태 8,27) 그분께서는 세상과 떨어져 사는 금욕주의자의 모습을 하지도 않으시고 삶의 즐거운 면을 적대시하지도 않으셨습니다. 예수님께서는 이렇게 말씀하십니다. "사람의 아들이 와서 먹고 마시자, '보라, 저자는 먹보요 술꾼이다!' 하고 말한다"(마태 11,19 참조). 예수님께서는 육신과 물질과 세상 현실을 경멸하는 사상들과는 매우 거리가 먼 분이셨습니다. 그럼에도 그러한 불건전한 이원론은 역사를 통하여 일부 그리스도교 사상가들에게 심각한 영향을 미쳐 복음마저 왜곡하였습니다. 예수님께서는 하느님께서 창조하신 물질에 당신 손으로 날마다 장인의 기술을 발휘하셨습니다. 예수님께서 당신 생애 대부분을 이러한 일, 전혀 경탄할 것도 없는 단순한 일로 보내셨다는 것은 주목할 만합니다. "저 사람은 목수로서 마

리아의 아들이 아닌가?"(마르 6,3) 이렇게 하여 예수님께서는 노동을 신성한 것으로 만드시어 우리가 성숙하는 데에 노동이 특별한 가치가 있도록 하셨습니다. 성 요한 바오로 2세 교황께서는 다음과 같이 가르쳐 주셨습니다. "우리를 위하여 십자가에 못 박히신 그리스도와 일치하여 노동의 수고를 참아 냄으로써, 인간은 인류의 구원을 위하여 하느님의 아들과 협력하고 있다."[79]

99.   세상에 대한 그리스도교의 이해에 따르면, 한처음부터 계셨던 그리스도의 신비에 모든 피조물의 운명이 밀접하게 관련되어 있습니다. "만물이 그분을 통하여 그분을 향하여 창조되었습니다"(콜로 1,16).[80] 요한 복음의 머리글(1,1-18)은 그리스도의 창조 활동이 하느님의 말씀(logos)이라는 것을 보여 줍니다. 그러나 이 머리글은 놀랍게도 이 말씀이 "사람이 되셨다."(요한 1,14)라고 말합니다. 삼위일체의 한 위격께서는 피조 세계에 오셔서 십자가에 이르기까지 당신의 운명을 이 세상과 함께하셨습니다. 그리스도의 신비는 세상의 시작에서부터, 특히 강생을 통하여 자연계 전체에서 감추어진 방식으로 이루어져 자연계의 자율성을 침해하지 않습니다.

100.   신약 성경은 우리에게 지상에 계셨던 예수님과, 예수님께

---

79. 「노동하는 인간」, 27항.
80. 이러한 이유에서 유스티노 성인은 세상의 "말씀의 씨앗"에 관하여 말할 수 있었다. 유스티노, 「호교론」(*Apologia*) Ⅱ, 8, 1-2; 13, 3-6, *PG* 6, 457-458.467 참조.

서 이 세상과 맺으신 구체적인 사랑의 관계를 우리에게 이야기해 주고 있습니다. 또한 예수님께서 부활하시고 영광스럽게 되시어 당신의 보편적 주권으로 모든 피조물 안에 현존하신다는 것도 보여 줍니다. "과연 하느님께서는 기꺼이 그분 안에 온갖 충만함이 머무르게 하셨습니다. 그분 십자가의 피를 통하여 평화를 이룩하시어 땅에 있는 것이든 하늘에 있는 것이든 그분을 통하여 그분을 향하여 만물을 기꺼이 화해시키셨습니다"(콜로 1,19-20). 이는 성자께서 만물을 성부께 데려가실 때, 세상의 마지막 때로 우리의 시선을 돌리게 합니다. 그렇게 "하느님께서는 모든 것 안에서 모든 것이 되실 것입니다"(1코린 15,28). 이리하여 이 세상의 피조물은 더 이상 단순한 자연의 형태로만 우리에게 나타나지 않습니다. 부활하신 분께서 이 모든 피조물을 신비롭게 간직하시며 그들의 목적인 충만으로 이끌어주시기 때문입니다. 예수님께서 인간의 눈으로 바라보시며 감탄하셨던 들판의 바로 그 꽃들과 새들은 이제 그분의 빛나는 현존으로 충만하게 됩니다.

제3장

인간이 초래한 생태 위기의 근원들

101. 인간이 초래한 생태 위기의 근원들을 인식하지 않고서 그 증상들을 설명하는 것은 전혀 도움이 되지 않을 것입니다. 인간의 삶과 활동을 이해하는 특정한 방식이 왜곡되어 현실을 파괴하는 지경에 이를 정도로 빗나가게 되었습니다. 이것에 대하여 차근차근 성찰해 보아야 하지 않겠습니까? 그래서 저는 강력한 기술 지배 패러다임과 이 세상에서 인간과 인간 행동이 차지하는 자리에 초점을 맞출 것을 제안합니다.

I. 기술: 창의력과 힘

102. 인류는 자신의 기술력 때문에 갈림길을 마주하게 된 새로운 시대에 접어들었습니다. 우리는 두 세기에 걸친 커다란 변화의 물결을 물려받았습니다. 여기에는 증기 기관, 철도, 전신, 전기, 자동차, 비행기, 화학 산업, 현대 의학, 컴퓨터 공학과 더불어 좀 더 최근에

는 디지털 혁명, 로봇 공학, 생명 공학, 나노 공학이 있습니다. 이러한 발전을 기뻐하고 우리 앞에 계속 펼쳐지는 엄청난 가능성에 흥분하는 것은 당연합니다. "과학과 기술은 하느님께서 주신 인간 창의력의 놀라운 산물"[81]이기 때문입니다. 유용한 목적을 위하여 자연을 변화시키는 것은 인류가 그 시초부터 지녀 온 특징입니다. 기술 그 자체는 "인간이 점차 물질적 한계를 넘어서도록 촉구하는 내적 긴장을 나타냅니다."[82] 기술은 인간을 위협하고 제한하는 많은 폐단들을 개선해 왔습니다. 우리가 이러한 발전, 특히 의학과 공학과 통신의 발전을 어찌 인정하지 않고 고맙게 여기지 않을 수 있겠습니까? 지속 가능한 발전을 이루는 대안들을 마련해 준 많은 과학자들과 기술자들의 업적을 어찌 인정하지 않을 수 있겠습니까?

103. 기술 과학이 방향을 제대로 잡는다면, 유용한 가전제품부터 대형 운송 수단, 교량, 건물, 공공장소에 이르기까지 인간 삶의 질을 증진하는 데에 매우 소중한 수단을 생산하기만 하지는 않습니다. 기술 과학은 아름다움을 창출해 내어 물질세계에 존재하는 인간이 아름다움의 세계로 '도약'하게 할 수도 있습니다. 항공기나 마천루의 아름다움을 부인할 수 있겠습니까? 새로운 기술을 활용한 훌륭한 미술 작품과 음악 작품들도 있습니다. 그래서 새로운 기술적 도구들을 사용한 이들이 의도한 아름다움을 통하여, 그 아름다움에 대한 관상을 통하여, 비약적 도약이 일어나 결국 인간 고유의

---

81. 요한 바오로 2세, 국제 연합 대학교의 과학자들과 대표들에게 한 연설, 히로시마, 1981.2.25., 3항, *AAS* 73(1981), 422면.
82. 「진리 안의 사랑」, 69항.

충만함에 이르게 됩니다.

104. 우리는 핵에너지, 생명 공학, 컴퓨터 공학, 그리고 우리 자신의 유전 정보에 대한 지식과 더불어 우리가 이룩한 많은 다른 능력들이 우리에게 엄청난 힘을 가져다준 것도 인정해야 합니다. 엄밀히 말해서, 이러한 능력들은 온갖 기술 지식, 특히 그것을 활용할 수 있는 경제적 재원을 확보한 이들이 인류 전체와 온 세상을 강력하게 지배할 수 있게 해 왔습니다. 일찍이 인류가 이 정도의 힘을 지닌 적이 없었습니다. 특히 현재 그러한 힘이 쓰이는 용도를 살펴보면 그 무엇도 그러한 힘이 지혜롭게 사용되리라는 것을 보장하지 않습니다. 20세기 중반에 투하된 핵폭탄과 더불어 나치즘, 공산주의, 여러 전체주의 정권들이 수백만의 사람을 살상하려고 개발한 엄청난 기술의 동원을 생각해 보기만 하면 됩니다. 현대전에 동원되는 더 치명적인 무기는 말할 것도 없습니다. 그토록 엄청난 힘이 누구의 손에 있고 결국 이 힘이 어떤 결과를 불러오겠습니까? 소수의 사람들이 이 힘을 차지하는 것은 매우 위험합니다.

105. 사람들은 힘이 늘수록 "진보"가 이루어지고, "안전, 유용성, 복지, 활력, 가치 충만의 증가"[83]가 이루어진다고 믿는 경향이 있습니다. 이는 마치 실재와 선과 진리가 이러한 기술과 경제의 힘에서 저절로 생겨난다고 여기는 것과 같습니다. "현대인들은 힘을

---

83. 로마노 과르디니(Romano Guardini), 『근대의 종말』(*Das Ende der Neuzeit*), 제9판, 뷔르츠부르크, 1965, 87면.

올바로 사용하는 교육을 받지 못한"[84] 것이 사실입니다. 이 엄청난 기술 발전에 인간의 책임과 가치관과 양심의 발전이 함께하지 못하였기 때문입니다. 모든 시대는 그 시대가 지닌 한계를 제대로 인식하지 못하는 경향이 있습니다. 그래서 오늘날 인류가 자신이 당면한 도전의 심각성을 제대로 파악하지 못할 수 있습니다. "자유의 규범이 아니라 이른바 유용성과 안전만이 요청되는" 경우에는 "인간이 그 힘을 올바르게 사용하지 못할 위험이 지속적으로 증가합니다."[85] 인간은 완전히 자율적인 존재가 아닙니다. 인간의 자유는 무의식, 즉각적인 욕구, 이기주의, 잔인한 폭력의 맹목적인 힘 앞에 무너질 때 병들게 됩니다. 이러한 의미에서 인간은 아무런 통제 수단도 없이 커져만 가는 자기의 힘 앞에 무방비로 노출되는 것입니다. 인간이 형식적인 수단들은 마련해 두었으나, 실제로 한계를 정하고 냉철한 자제력을 가르쳐 줄 수 있는 건전한 윤리와 문화와 영성을 갖추지 못하였다고 할 수 있습니다.

II. 기술 지배 패러다임의 세계화

106.   근본적인 문제는 좀 더 심각한 다른 것, 곧 인류가 기술과 그 발전을 **획일적이고 일차원적 패러다임에 따라** 받아들이는 방식에 있습니다. 이러한 패러다임에서는 외부 대상을 논리적 이성적 과정 안에서 점진적으로 인식하여 지배하는 주체라는 개념이 생겨납니다. 그 자체가 이미 소유와 지배와 변형의 기술인 과학적 실험적

---

84. 『근대의 종말』, 87면.
85. 『근대의 종말』, 87-88면.

방법을 정립하려고 이 주체는 최선의 노력을 다합니다. 이는 마치 이 주체가 완전히 제멋대로 조작할 수 있는 무형의 실재 앞에 있는 것과 같습니다. 인간은 언제나 자연에 개입해 왔습니다. 그러나 오랫동안 이는 사물 자체의 가능성을 존중하며 더불어 존재하는 것이었습니다. 이는 자연이 직접 손을 내밀어 주듯 스스로 허락한 것을 받아들인다는 의미였습니다. 반대로 이제는 만물에 손을 대는 것은 인간입니다. 그러면서 인간은 종종 우리 앞에 있는 실재를 무시하거나 망각하면서 만물에서 최대한 모든 것을 뽑아내려고 시도합니다. 그래서 인간과 사물들은 더 이상 서로 다정한 손길을 건네지 못하고 적대적으로 대립하게 되었습니다. 여기에서 인간은 무한 성장 또는 제약 없는 성장이라는 개념을 쉽사리 받아들이게 되었으며, 경제학자, 금융 전문가, 기술자들은 이에 큰 매력을 느꼈습니다. 이는 지구 자원을 무한히 활용할 수 있다는 거짓을 바탕으로 한 것으로, 지구를 그 한계를 넘어서 최대한 '쥐어짜는' 데에 이르게 됩니다. 이는 "무한한 양의 에너지와 자원을 이용할 수 있고, 그것들을 신속히 재생할 수 있으며, 자연 질서의 착취에서 오는 부정적인 결과는 쉽게 완화될 수 있다."[86]는 그릇된 개념입니다.

107. 그러므로 현대 세계의 많은 어려움은, 사람들이 언제나 의식하고 있는 것은 아니지만, 무엇보다도 개인의 삶과 사회의 기능을 좌우하는 인식의 패러다임에 따라 과학과 기술의 방법론과 목적을 설정하려는 경향에서 비롯된다고 할 수 있습니다. 이러한 방

---

86. 『간추린 사회 교리』, 462항.

식을 인간과 사회의 모든 실재에 적용한 결과는 환경 악화로 드러 났습니다. 그러나 이는 인간 생활과 사회생활의 모든 측면에 영향 을 미치는 환원주의의 한 지표에 불과합니다. 우리는 기술의 산물 이 가치 중립적이지 않다는 사실을 인정해야 합니다. 기술의 산물 은 결국 특정 권력 집단의 이해관계에 따라 생활 양식을 좌우하고 사회적 기회들을 조성하는 틀을 만들기 때문입니다. 순전히 도구적 인 것으로 보이는 결정도 실제로는 우리가 어떤 사회를 건설하려고 하는지와 관련된 결정입니다.

108.   또 다른 문화적 패러다임을 장려하고 기술을 단지 도구로 만 이용한다는 개념은 상상할 수 없습니다. 오늘날 기술 지배 패러 다임이 매우 강력해져서 이를 수단으로 하지 않고 사는 것이 어려 워졌고, 그 논리에 지배되지 않으면서 그것을 활용하는 것은 더욱 어려워졌습니다. 기술과 그에 드는 비용, 세계화하고 획일화하는 그 힘에서 부분적으로나마 벗어나는 것을 목적으로 한 생활 양식의 선 택은 반문화적인 것이 되어 버렸습니다. 사실 기술은 모든 것을 그 엄격한 논리에서 벗어나지 못하게 하려는 경향이 있습니다. 기술을 지닌 이들은 "기술이 궁극적으로 인간의 이익과 행복을 향하여 나 가는 것이 아니라는 사실을 잘 알고 있습니다. 극단적으로 말하자 면 기술의 동기인 권력이 모든 것에 대한 지배권이라는 사실을 잘 알고 있습니다."[87] 그 결과 "인간은 자연과 인간 본성의 본래 요소 들을 모두 움켜쥡니다."[88] 그래서 개인의 결단력, 온전한 자유, 고유

---

87. 『근대의 종말』, 63-64면.
88. 『근대의 종말』, 64면.

한 창조성을 위한 자리가 줄어들게 됩니다.

109. 기술 지배 패러다임은 또한 경제와 정치를 지배하고자 합니다. 경제는 이윤을 목적으로 모든 기술 발전을 받아들이며 인간에게 미치는 잠재적 악영향에 관심을 기울이지 않습니다. 금융은 실물 경제를 질식시켜 버립니다. 우리는 세계 금융 위기에서 교훈을 얻지 못했고, 환경 훼손에서는 너무 더디게 교훈을 얻고 있습니다. 일부 집단은 현대 경제와 기술이 모든 환경 문제를 해결할 것이고, 또한 비전문적인 언어를 동원하여 전 세계 기아와 빈곤이 단순히 시장의 성장만으로 해결될 것이라고 주장합니다. 그들은 오늘날 그 누구도 감히 옹호하지 않는 특정 경제 이론들을 중요하게 생각하지 않습니다. 오히려 그들은 경제를 기능하게 하는 실제적 운용만을 중시합니다. 그 이론들을 그들이 말로는 지지하지 않을지 몰라도, 더 균형 잡힌 수준의 생산, 더 나은 부의 분배, 환경과 미래 세대의 권리에 대한 배려에 전혀 관심을 보이지 않는 행동으로 그 이론들을 지지합니다. 그러한 행동은 그들에게는 이윤 극대화만으로 충분하다는 것을 입증합니다. 그러나 시장 자체가 온전한 인간 발전과 사회 통합을 보장할 수 없습니다.[89] 그런데 우리는 "지속되고 있는 비인간적인 박탈 현상과 참을 수 없을 정도로 대비되는 낭비적이고 소비 중심적인 일종의 '초발전'"[90]을 누리고 있습니다. 그 반면에, 가난한 이들이 정기적으로 생필품을 받을 수 있게 해 주는 경제 제도와 사회 계획의 개발은 너무 더딥니다. 우리는 현재 우리가 실패하고 있는 것의 가장 깊은 뿌리

---

89. 「진리 안의 사랑」, 35항 참조.
90. 「진리 안의 사랑」, 22항.

를 보지 못합니다. 이는 기술과 경제 성장의 방향, 목적, 의미, 사회적 맥락과 관련됩니다.

110.　기술의 전문화는 큰 그림을 보지 못하게 만듭니다. 지식의 세분화는 구체적인 적용에는 도움이 되지만, 흔히 전체에 대한 감각, 사물들의 관계에 대한 감각, 넓은 지평에 대한 감각을 잃어버리게 만들어, 그 감각이 결국 소용없게 되어 버립니다. 바로 이 때문에 오늘날 세계의 가장 복잡한 문제들, 특히 환경과 가난한 이들에 관한 문제의 적절한 해결책을 마련하기가 어렵습니다. 이러한 문제들은 단일한 관점이나 이해관계로만 다루어질 수 없습니다. 중대한 문제에 대한 해결책을 제시하려는 과학은 철학과 사회 윤리를 포함한 다른 학문 분야의 지식을 반드시 참고해야 합니다. 그러나 오늘날 이를 실천하는 것은 무척 힘이 듭니다. 참고할 만한 참다운 윤리적 지평도 깨달을 수조차 없습니다. 삶은 점차 기술의 영향을 받는 상황에 종속됩니다. 기술 자체가 존재의 의미를 해석하는 핵심으로 여겨집니다. 우리가 마주하는 구체적 상황에는 환경 훼손, 불안, 삶의 의미와 공동생활의 의미 상실과 같은 잘못을 보여 주는 많은 증상들이 있습니다. 우리는 "실재가 생각보다 더 중요하다."[91]라는 것을 새삼 깨닫게 됩니다.

111.　생태 문화는 환경 훼손, 천연자원의 고갈, 오염과 관련된 문제에 대한 일련의 신속한 부분적 해답들로 축소될 수 없습니다.

---

91. 「복음의 기쁨」, 231항.

기술 지배 패러다임의 공세에 대항하는 다른 시각, 사고방식, 정책, 교육 계획, 생활 양식, 영성이 필요합니다. 그렇지 않으면 심지어 최선의 환경 보호 운동도 동일한 세계화의 논리에 빠져 버리고 말 것입니다. 개별적으로 나타나는 환경 문제에 대한 기술적 해결 방안만을 찾는 것은, 실제로 서로 이어져 있는 것들을 분리하고, 세계 체제가 안고 있는 가장 심각한 진짜 문제들을 숨기는 것입니다.

112. 그러나 우리는 다시 한번 시야를 넓힐 수 있습니다. 인간의 자유는 기술을 제한하고 그 방향을 바꾸어 기술이 다른 형태의 발전, 곧 좀 더 건전하고 인간적이고 사회적이며 통합적인 발전에 이바지하게 할 수 있습니다. 강력한 기술 지배 패러다임에서 벗어나는 일이 실제로 가끔 일어납니다. 예를 들어, 군소 생산자들이 오염을 줄이는 생산 방식을 채택하여 소비 지상주의를 지양하는 삶과 여유와 공동생활 방식을 선택하는 경우가 있습니다. 또는 기술이 다른 사람들의 구체적 문제 해결을 우선 목표로 삼아, 그들이 더 존엄하게 덜 고통받으며 살아가도록 돕는 경우도 있습니다. 또한 아름다운 것을 만들어 이를 바라보려는 의지가 모든 대상을 객관화하려는 힘을 극복하는 경우도 있습니다. 이는 아름다움과 그것을 바라보는 이에게는 일종의 구원이 됩니다. 새로운 종합을 요청하는 참된 인류애는 마치 닫힌 문 아래 틈 사이로 스며들어 오는 안개처럼 알게 모르게 기술 문명 한가운데 자리 잡는 듯합니다. 참된 인류애의 굳건한 저항으로 싹트는 그 기대는 모든 어려움에도 영원한 것이 될 수 있겠습니까?

113.　다른 한편으로 사람들이 더 이상 행복한 미래를 믿지 않는 것 같습니다. 다시 말해서 사람들은 더 이상 현재의 세계 정세와 기술력을 근거로 하는 더 나은 미래를 맹목으로 신뢰하지 않는 것입니다. 과학과 기술 발전이 인류와 역사의 발전과 동일시될 수 없다는 인식이 확산되고, 더 나은 미래를 향한 길은 근본적으로 다른 데 있다는 사실을 깨닫게 되었습니다. 그렇다고 해서 기술이 마련해 주는 기회들을 거부할 생각은 전혀 없습니다. 그렇지만 인류는 커다란 변화를 거쳤고, 계속 나타나는 새로운 것들은 우리를 지나치게 피상적으로 한 방향으로만 이끄는 찰나적인 것을 신성하게 여기게 합니다. 잠시 멈추어 삶의 깊이를 되찾는 일이 힘들어졌습니다. 건축물이 시대정신을 반영한다면, 초대형 건축물과 획일적으로 지어진 주택 단지는 세계화된 기술 정신을 표현하는 것입니다. 여기에서는 끊임없이 넘쳐나는 새로운 상품과 엄청난 단조로움이 공존합니다. 이에 굴복하지 말고 모든 것의 목적과 의미에 대한 질문을 멈추지 맙시다. 그러지 않으면, 우리는 단지 현재 상황을 합리화하여 우리의 공허함을 달래 줄 대체재가 점차 더 많이 필요하게 될 것입니다.

114.　현재 벌어지고 있는 일들은 우리가 대담한 문화적 혁명을 통하여 앞으로 나아가야 할 절박한 필요성을 알려 줍니다. 과학과 기술은 가치 중립적이지 않아서 한 과정의 처음부터 끝까지 여러 의도와 가능성들이 개입되어 다양한 방식으로 구체화될 수 있습니다. 석기 시대로 돌아가자는 사람은 아무도 없습니다. 그러나 속도를 줄여서 다른 방식으로 현실을 바라보며 긍정적이고 지속 가능한 발전을 받아들이는 것과 더불어, 지나친 과대망상으로

잃어버린 가치와 중요한 목표들을 되찾아야 합니다.

Ⅲ. 현대 인간 중심주의의 위기와 영향

115.   역설적으로 현대 인간 중심주의는 실재보다는 기술적 사고의 손을 들어 주고 말았습니다. "이러한 인간은 더 이상 자연을 타당한 규범이나 살아가는 거처로 여기지 않습니다. 인간은 자연을 아무런 전제 없이 있는 그대로 물건을 만들려는 자리와 재료로 여기며, 그 결과로 어떤 일이 발생하든 관심이 없습니다."[92] 그래서 세상의 고유한 가치가 떨어지게 됩니다. 인간은 이 세상에서 제자리를 되찾지 못하면 자기 자신을 제대로 이해하지 못하고 결국 스스로 모순된 행동을 하고 맙니다. "인간이 그 본래의 선한 목적을 따라 사용하도록 땅이 하느님에 의하여 그에게 주어졌을 뿐 아니라, 인간도 인간 자신에게 하느님에 의하여 주어졌으며, 이러한 이유로 인간은 자신이 타고나는 자연적이고 윤리적인 구조를 존중해야 합니다."[93]

116.   근대에는 지나친 인간 중심주의가 있어 왔고, 이는 오늘날에도 여전히 또 다른 모습으로 위장하여 공동의 이해와 사회적 결속 강화를 위한 모든 노력을 저해하고 있습니다. 그래서 현실과 인간 중심주의가 불러온 한계에 새롭게 주의를 기울일 때가 되었습니다. 이는 개인과 사회가 더욱 건전하고 풍요롭게 발전하기 위한 조

---

92. 『근대의 종말』, 63면.
93. 「백주년」, 38항.

건이 됩니다. 그리스도교 인간학이 적절하게 제시되지 못한 것이 인간과 세상의 관계에 대한 오해를 낳았습니다. 프로메테우스처럼 세상을 지배하려는 꿈이 퍼져 나가면서, 자연 보호는 나약한 사람들이나 하는 일이라는 인식이 나타났습니다. 그러나 세상에 대한 우리의 '지배'는 책임 있는 관리라는 의미로 올바르게 이해되어야 합니다.[94]

117.   인간이 자연에 끼친 해악과 인간의 결정이 환경에 미치는 영향을 평가하는 데에 태만한 것은 자연의 구조 안에 새겨진 메시지에 대한 무관심을 뚜렷하게 보여 줄 뿐입니다. 예를 들어, 현실에서 가난한 이, 인간 배아, 장애인이 지닌 가치를 인식하지 못할 때 자연의 울부짖음 자체에도 귀를 기울이기가 어려워집니다. 모든 것은 서로 연결되어 있습니다. 인간이 현실에서 독립된 존재임을 선언하고 절대적 지배자를 자처하면, 인간 삶의 기초 자체가 붕괴됩니다. "인간은 세계에서 하느님의 협조자로서의 역할을 수행하는 대신, 부당하게 하느님의 자리에 자신을 올려놓으며, 이렇게 인간은 자연의 반항을 자극"[95]하기 때문입니다.

118.   이러한 상황은 우리를 끊임없이 정신 분열로 이끌어 왔습니다. 여기에는 다른 존재들의 고유한 가치를 부인하는 기술 지배에

94. 아시아 주교회의 연합회, 아시아 주교회의 연합회가 후원하는 세미나의 선언문 '피조물에 대한 사랑. 생태 위기에 대한 아시아의 응답'(*Love for Creation. An Asian Response to the Ecological Crisis*), 타가이타이, 1993.1.31.-2.5., 3.3.2 참조.
95. 「백주년」, 37항.

대한 찬양부터 인간의 그 어떠한 특별한 가치도 인정하지 않는 반응까지 있습니다. 그러나 우리는 인간성을 간과할 수 없습니다. 인간이 새로워지지 않으면 자연과 새로운 관계를 맺을 수 없습니다. 올바른 인간학 없이는 생태론도 있을 수 없습니다. 인간이 단지 여러 존재들 가운데 하나로, 우연이나 물리적인 결정론의 산물로 여겨질 때, "우리의 전반적 책임 의식은 약화될 것"[96]입니다. 그릇된 인간 중심주의가 반드시 '생물 중심주의'에 자리를 내어 줄 필요는 없습니다. 이러한 생물 중심주의는 오늘날 문제들을 해결하지 못하며, 문제들을 가중시키는 또 다른 불균형을 일으키는 것을 의미하기 때문입니다. 인간만이 지닌 고유한 지성, 의지, 자유, 책임의 능력을 인정하지 않고 소중히 여기지 않는다면, 인간이 이 세상을 책임 있게 대할 것을 바랄 수 없습니다.

119. 그릇된 인간 중심주의에 대한 비판이 인간관계의 가치를 떨어뜨리도록 해서는 안 됩니다. 오늘날 생태적 위기가 근대성의 윤리적, 문화적, 영적 위기의 발발이나 발현을 의미한다면, 모든 근본적인 인간관계를 치유하지 않고는 우리가 자연과 환경과 맺은 관계를 감히 치유할 수 있다고 생각할 수 없습니다. 다른 모든 피조물에 견주어 인간이 특별한 가치를 지녔다고 주장하는 그리스도교 사상은 우리가 모든 인간의 가치를 인정하고 다른 이들을 존중하게 합니다. 알고 사랑하며 대화할 수 있는 '너'에게 마음을 여는 것은 언제나 인간을 고귀한 존재로 만들어 줍니다. 따라서 피조물과 올

---

96. 베네딕토 16세, 2010년 세계 평화의 날 담화, 2항, 한국천주교중앙협의회, 『가톨릭 교회의 가르침』 41호(2009), *AAS* 102(2010), 41면.

바른 관계를 맺기 위해서 인간이 다른 사람들에게 마음을 여는 사회적 측면은 물론, 하느님이신 '당신'께 마음을 여는 초월적 측면을 약화시켜서는 안 됩니다. 사실 인간과 환경의 관계는 인간들 사이의 관계와 하느님과 인간의 관계와 결코 분리될 수 없습니다. 그러한 관계가 분리된다면, 이는 생태적 아름다움으로 위장된 낭만적 개인주의로 내재성 안의 숨 막히는 단절이 될 것입니다.

120.　모든 것이 서로 관계를 맺고 있기에 자연 보호와 낙태의 정당화도 양립할 수는 없습니다. 비록 임신으로 불편과 어려움이 생긴다고 해도 인간 배아를 보호하지 않는다면, 우리 주변에 존재하면서 때로는 성가시거나 귀찮게 하는 약한 존재를 받아들이라고 가르치는 것은 불가능해 보입니다. "새 생명을 받아들이려는 개인적 사회적 정서가 사라지면 사회에 소중한 또 다른 것들도 받아들이지 않게 됩니다."[97]

121.　지난 수 세기 동안 전개된 그릇된 주장을 극복할 새로운 종합이 이루어져야 합니다. 그리스도교는 그 고유한 정체성과 예수 그리스도께 받은 진리의 보화에 충실하면서, 언제나 자신을 돌아보고 새로운 역사적 상황들과 끊임없이 대화를 나누고 있습니다. 이렇게 하여 그리스도교는 그 영원한 새로움을 꽃피우는 것입니다.[98]

97. 「진리 안의 사랑」, 28항.
98. 르렝의 빈첸시오, 「첫 번째 충고」(*Commonitorium Primum*), 23항, *PL* 50, 668 참조: "그리하여 [그리스도교 교의는] 해마다 강화되고, 시간이 흐르

실천적 상대주의

122. 그릇된 인간 중심주의는 그릇된 생활 양식을 낳습니다. 교황 권고 「복음의 기쁨」에서 저는 우리 시대의 전형적인 실천적 상대주의가 "교리적 상대주의보다 훨씬 위험"[99]하다고 말씀드렸습니다. 인간이 자신을 중심으로 삼으면 당장의 유익을 가장 우선으로 여기게 되어 나머지 모든 것은 상대적인 것이 됩니다. 따라서 만연한 기술 지배 패러다임과 인간의 무한한 힘의 숭배와 더불어, 즉각적인 이득을 주지 않는다면 무엇이든 의미가 없다고 여기는 상대주의가 자라나는 것은 놀라운 일이 아닙니다. 이 모든 것에는 다양한 태도들이 서로를 희생시키며 살아가고, 환경 훼손과 사회의 부패를 낳는 논리가 담겨 있습니다.

123. 상대주의 문화는 한 사람이 다른 사람을 이용하고 단순한 대상으로만 취급하여 강제 노동을 시키거나 빚을 명분으로 노예로 부리는 것과 다름없는 질병입니다. 이와 같은 논리로 아동을 성적으로 착취하고 이익에 보탬이 안 되는 노인을 유기하게 되는 것입니다. 이는 또한 시장의 보이지 않는 힘이 경제를 지배하도록 내버려 두어야 한다고 주장하는 이들의 내적 논리이기도 합니다. 이들은 그러한 힘이 사회와 자연에 해로운 영향을 미치는 것은 어쩔 수 없는 일이라고 합니다. 우리 저마다의 욕망과 즉각적 욕구를 충족

면서 널리 퍼지며, 시대가 지나면서 고귀해진다"(Ut annis scilicet consolidetur, dilatetur tempore, sublimetur aetate).

99. 「복음의 기쁨」, 80항.

하는 것 외에 객관적 진리나 확고한 원칙이 없다면, 인신매매, 조직 범죄, 마약 매매, 피의 다이아몬드 매매, 멸종 위기 동물 가죽의 매매를 어떻게 제한하겠습니까? 가난한 이들의 장기를 팔거나 실험에 이용하려고 구매하고, 부모의 바람에 어긋난다고 해서 아이를 버리는 것도 이러한 상대적 논리와 같지 않겠습니까? 이와 같은 '쓰고 버리는' 논리가 실제 필요한 것보다 더 많이 소비하려는 무절제한 욕망 때문에 쓰레기를 양산합니다. 그러므로 환경에 해로운 행위를 방지하는 데에 정치적인 조치나 법의 힘만으로 충분하다고 여겨서는 안 됩니다. 문화가 부패하고 객관적 진리와 보편타당한 원칙들이 더 이상 인정되지 않을 때, 법은 자의적으로 부과되는 것이거나 피해야 할 장애물로만 여겨질 수 있기 때문입니다.

고용 보호의 필요성

124. 인류를 배제하지 말아야 하는 통합 생태론에 대한 모든 접근에서 노동의 가치를 포함시키는 것은 필수입니다. 성 요한 바오로 2세 교황께서 회칙 「노동하는 인간」에서 이를 잘 설명하셨습니다. 창조에 관한 성경 이야기에 따르면, 하느님께서는 당신께서 만드신 에덴 동산에 사람을 두시어, 그곳을 보존하게(돌보게) 하셨을 뿐 아니라 열매를 맺도록(일구도록) 하셨습니다(창세 2,15 참조). 그래서 노동자와 장인이 "한 세대의 골격을 유지합니다"(집회 38,34). 현실에서, 피조물의 현명한 발전을 촉진하는 인간의 개입은 세상을 돌보는 최선의 방법입니다. 이는 우리 자신이 하느님의 도구가 되어 하느님께서 사물에 심어 넣으신 가능성이 전개되도록 돕는 것을 의

미하기 때문입니다. "주님께서 땅에 약초를 마련해 놓으셨으니, 현명한 사람은 그것을 소홀히 하지 않으리라"(집회 38,4).

125.   우리가 인간과 그 주변 세계의 올바른 관계를 성찰하려면 노동의 개념을 바르게 이해할 필요가 있습니다. 우리가 인간과 사물의 관계를 말할 때, 현실에 대한 인간 활동의 의미와 목적을 묻게 되기 때문입니다. 이는 육체노동이나 농업뿐 아니라 사회 연구 개발부터 기술 개발 계획에 이르기까지 모든 기존 현실의 변화를 포함하는 활동을 말하는 것입니다. 온갖 형태의 노동은 우리가 다른 존재와 맺을 수 있고 또 맺어야 하는 관계의 개념을 전제로 합니다. 아시시의 프란치스코 성인의 피조물에 대한 관상적 찬미와 더불어 그리스도교 영성도 노동에 대한 부요하고 건전한 이해를 발전시켜 왔습니다. 예를 들면, 샤를 드 푸코 복자와 그 제자들의 삶에서 이를 찾아볼 수 있습니다.

126.   우리는 수도 생활의 위대한 전통도 참고할 수 있습니다. 본디 수도 생활은 도시의 타락을 피하고자 세속을 벗어나는 것을 선호하였습니다. 그래서 수도승들은 사막을 찾아간 것입니다. 그들은 사막이 하느님의 현존을 깨닫는 데에 가장 적합한 곳이라고 확신하였습니다. 나중에 누르시아의 베네딕토 성인은 그의 수도승들에게 공동체 생활을 하면서 기도와 영적 독서와 더불어 육체노동도 할 것을 제안하였습니다(ora et labora). 영적 의미를 담은 육체노동의 도입은 획기적인 것이었습니다. 사람들은 묵상과 노동의 상호 작용으로 인간의 성숙과 성화를 추구하는 방법을 익혔습니다. 우리가 이

러한 방식으로 노동을 실천하면 환경을 더욱 잘 돌보고 존중하게 되어, 세상을 건전한 냉철함으로 대할 수 있게 됩니다.

127.   우리는 "인간이 모든 경제 사회 생활의 주체이며 중심이고 목적"[100]임을 확신합니다. 그러나 우리 인간이 관상하고 존중하는 능력을 잃으면 노동의 의미를 왜곡하는 상황이 벌어집니다.[101] 인간은 "물질적 복지를 도모하고 윤리적 향상을 추구하며 영신 기능을 계발할 수 있는"[102] 능력을 지니고 있음을 언제나 명심할 필요가 있습니다. 노동은 이렇게 개인의 다양한 성장을 위한 자리가 되어야 합니다. 여기에서 창의력, 미래 설계, 재능 계발, 가치 실현, 타인과의 대화, 경배와 같은 삶의 여러 측면이 나타납니다. 그러므로 오늘날 세상의 사회 현실은, 편협한 기업 이윤과 모호한 경제적 합리성을 뛰어넘어, "계속하여 모든 사람의 안정된 고용 보장을 최우선 과제"[103]로 삼을 것을 요구합니다.

128.   창조 때부터 우리는 노동하라는 부르심을 받았습니다. 인간의 노동을 점진적인 기술 발전으로 대체하려 해서는 안 됩니다. 이는 인류에게 해악을 끼칠 것입니다. 노동은 반드시 필요합니다. 노동은 이 땅에서 살아가는 의미에 속하며, 성장과 인간 발전과 개인적 성취의 길입니다. 이러한 의미에서 가난한 사람에게 금전적 도

---

100. 사목 헌장 63항.
101. 「백주년」, 37항 참조.
102. 바오로 6세, 회칙 「민족들의 발전」(*Populorum Progressio*), 1967.3.26., 34항, 『교회와 사회』, 한국천주교중앙협의회, 2003(제1판 2쇄), *AAS* 59(1967), 274면.
103. 「진리 안의 사랑」, 32항.

움을 주는 것은 언제나 위급 상황에서 이루어지는 임시방편이 될 뿐입니다. 가난한 이들이 노동을 통하여 존엄한 삶을 누리게 하는 것이 언제나 커다란 목적이 되어야 합니다. 경제는 일종의 기술 발전을 촉진하여 노동자들을 해고하고 일자리를 기계로 대체한 결과, 생산 비용을 절감하는 방향으로 나아갔습니다. 이는 결국 인간이 자기 자신을 거슬러 행동하는 또 다른 길이 될 뿐입니다. 또한 일자리의 감소는 "모든 사회적 공존에 필수적인 신뢰, 의존, 법규 존중의 관계를 연결해 주는 '사회 자본'의 점진적인 손실"[104]로 경제에 부정적 영향을 미칩니다. 다시 말해서, **인적 손실에는 늘 경제적 손실이 따르며** 경제적 역기능에도 늘 인적 손실이 따릅니다."[105] 단기간에 더 큰 금전적 이익을 얻고자 인적 투자를 중단하는 것은 사회에 악영향을 미치는 기업 행위입니다.

129. 지속적인 고용 보장을 위해서는 생산의 다각화와 기업의 창의력을 고무하는 경제의 증진이 반드시 필요합니다. 예를 들어, 이 세상 대다수의 사람들에게 식량을 마련해 주는 다양한 소규모 식량 생산 체제가 있습니다. 이러한 체제에서는 땅과 물을 적게 사용하고 쓰레기도 적게 배출합니다. 이는 소규모 경작지, 과수원, 농원, 사냥, 야생 작물 채취, 지역적 어업을 통하여 이루어집니다. 규모의 경제는, 특히 농업 분야에서 영세농들이 결국 자기 땅을 팔거나 전통적 생산 방식을 포기할 수밖에 없도록 만듭니다. 영세농들이 다른 다양한 생산 방식을 개발하고자 하는 시도는 결실을 얻

---

104. 「진리 안의 사랑」, 32항.
105. 「진리 안의 사랑」, 32항.

지 못합니다. 지역 시장과 세계 시장의 접근이 어렵고 판매와 운송의 기반 시설이 대기업에 유리하게 되어 있기 때문입니다. 행정 당국은 군소 생산업자들과 그들이 생산하는 품종의 다양성을 투명하고 확실하게 지원하는 조치를 취할 권리와 의무가 있습니다. 실제로 모든 이가 경제적 자유의 혜택을 누리게 하려면, 경우에 따라서는 더 많은 자원과 경제력을 가진 이들에게 제한이 가해져야 합니다. 현실은 많은 사람들이 실제로 경제적 자유를 얻지 못하게 가로막고 있으며 고용 기회가 계속 축소되고 있는데, 단지 경제적 자유만을 요구하는 것은 정치에 명예롭지 못한 모순된 주장입니다. 기업 활동은 부를 창출하고 모든 이를 위하여 더 좋은 세상을 만들어 나가야 할 고귀한 소명입니다. 기업이 특히 일자리 창출을 공동선에 이바지하는 필수 요소로 여긴다면 그 활동 지역의 풍요로운 번영의 원천이 될 수 있습니다.

연구에서 비롯한 생물학적 혁신

130.   제가 말씀드린 인간과 피조물에 대한 철학적 신학적 전망에서는 이성과 지성을 부여받은 인간이 완전히 배제되어야 하는 외적 요인이 아님이 분명합니다. 인간 생활에 필요한 경우, 인간이 동식물계에 개입할 수 있고 동식물을 이용할 수 있지만, 『가톨릭 교회 교리서』는 동물에 대한 실험이 "합당한 한계를 지키고, 인간 생명의 치유와 보호에 이바지할"[106] 때에만 정당하다고 가르칩니다. 교

---

106. 『가톨릭 교회 교리서』, 2417항.

리서는 인간의 힘에는 한계가 있고 "동물을 불필요하게 괴롭히며 마구 죽이는 것은 인간의 존엄성에 어긋나는 것"[107]이라고 단언합니다. 모든 동식물의 이용과 실험은 "피조물 전체에 대한 세심한 배려를 요구"[108]합니다.

131. 여기에서 성 요한 바오로 2세 교황의 균형 잡힌 입장을 되새겨 보고자 합니다. 교황께서는 과학과 기술 발전의 혜택이 "하느님의 창조 활동에 책임 있게 참여해야 할 인간 소명의 숭고함"에 대한 증거라고 강조하시면서도 "우리는 생태계의 한 영역에 개입할 때에 그러한 개입이 다른 영역에 미치는 결과와 미래 세대의 행복에 대하여 모두 마땅한 관심을 기울여야"[109] 한다고 말씀하셨습니다. 교황께서는 "유전학과 같은 다른 학문의 도움을 받아 분자 생물학을 연구하고 응용하고 그 기술을 농업과 산업에 적용하여"[110] 얻은 혜택을 교회가 높이 평가한다는 점을 분명히 밝히셨습니다. 그러나 이러한 혜택이 그와 같은 개입의 부정적 영향을 간과하는 "무분별한 유전자 조작"[111]으로 이어져서는 안 된다는 점도 지적하셨습니다. 인간의 창의력을 제지할 수는 없습니다. 예술가에게 그 창의력을 발휘하지 말라고 할 수 없듯이, 과학과 기술의 발전을 위한 특별한 은사를 받은 이들이 다른 이들에게 봉사하도록 하느님께서 그

---

107. 『가톨릭 교회 교리서』, 2418항.
108. 『가톨릭 교회 교리서』, 2415항.
109. 요한 바오로 2세, 1990년 세계 평화의 날 담화, 6항.
110. 요한 바오로 2세, 교황청립 과학원에 한 연설, 1981.10.3., 3항, 『요한 바오로 2세의 가르침』, 4/2(1981), 333.
111. 요한 바오로 2세, 1990년 세계 평화의 날 담화, 7항.

들에게 주신 능력을 이용하지 못하게 막을 수는 없습니다. 또한 우리는 커다란 위험을 지닌 형태의 힘을 보여 주는 인간 활동의 목적과 효과와 맥락과 윤리적 한계에 대하여 끊임없이 다시 생각해 보아야 합니다.

132.　　바로 이러한 틀 안에서 동식물계에 인간이 개입하는 것에 관한 모든 성찰이 이루어져야 합니다. 여기에는 오늘날 물질세계의 잠재력을 착취하려는 생명 공학을 통한 유전자 조작이 포함됩니다. 신앙이 지닌 이성에 대한 존중은, 생명 과학이 경제적 이익에 좌우되지 않는 연구를 통하여 생물의 구조와 그 가능성과 변형에 관하여 우리에게 무엇을 가르쳐 줄 수 있는지에 대한 깊은 주의를 촉구합니다. 어찌 되었든 "하느님께서 의도하신 피조물의 본질에 따라 자연이 발전하도록"[112] 자연에 영향을 주는 개입은 정당합니다.

133.　　의학이나 농업 분야의 식물과 동물 유전자 변형에 대하여 일괄적 판단을 내리기가 어렵습니다. 그 종류가 매우 다양하여 개별적인 판단이 필요할 수 있기 때문입니다. 또한 이와 관련된 위험은 그 기술 자체 때문이 아니라 부적절하거나 지나친 기술 적용 때문에 발생합니다. 사실 유전자 변형은 자연에서 자주 발생되어 왔고 계속 발생하고 있습니다. 인간의 개입으로 비롯된 변형도 현대적 현상이 아닙니다. 예를 들면, 동물 길들이기와 교잡 육종과 더불어 오래된 여러 일반적 관행들이 있습니다. 유전자 변형 곡물

---

112. 요한 바오로 2세, 제35차 세계 의료 협회 정기 총회에서 한 연설, 1983.10. 29., 6항, *AAS* 76(1984), 394면.

의 과학적 개발은, 식물 게놈 변형을 자연스럽게 일으키는 박테리아의 관찰에서 시작되었다는 것을 상기해야 합니다. 그러나 자연에서는 이러한 과정이 천천히 진행되어 현재의 기술적 진보가 이룩한 빠른 속도와는 비교될 수 없습니다. 비록 그러한 속도가 수세기에 걸친 과학적 발전을 바탕으로 한 것이라고 하여도 비교되지 않는 것입니다.

134. 비록 유전자 변형 곡물이 인간에게 미칠 수 있는 악영향에 대한 결정적 증거가 없고, 일부 지역에서는 그러한 곡물의 이용이 경제 성장을 가져와 문제 해결에 도움을 주었지만, 여전히 결코 가볍게 여길 수 없는 중대한 문제들이 남아 있습니다. 많은 지역에서 이러한 곡물이 도입되어 비옥한 농토가 소수의 손에 집중되었습니다. 이는 "개간 농지 부족으로 직접적인 생산에서 물러날 수밖에 없는 군소 생산자들이 점차 사라지고 있기"[113] 때문입니다. 이들 가운데 가장 취약한 이들은 비정규직 노동자가 되고, 많은 농촌 일꾼들은 결국 도시의 빈민가로 이주하게 됩니다. 유전자 변형 작물의 증산은 복잡한 생태계망을 파괴시키며 생산 작물의 다양성을 감소시키고 현재와 미래의 지역 경제에 영향을 끼칩니다. 여러 나라에서 곡물 생산과 그 재배에 필요한 여러 상품들의 생산을 독과점하는 경향이 증가하고 있습니다. 번식력이 없는 종자가 생산되고 있는 것을 볼 때 이러한 의존성은 더욱 심각해질 것입니다. 그래서 결국 농민들은 대규모 생산자에게서 그 종자를 구매할 수밖에 없게 될 것입니다.

---

113. 아르헨티나 주교회의 사목 위원회, '모든 이를 위한 땅'(*Una Tierra para Todos*), 2005.6., 19항.

135.   분명 이러한 문제들에 지속적인 관심을 갖고 그에 관련된 모든 윤리적 측면을 고려해야 합니다. 이를 위하여 광범위하고 책임 있는 과학적 사회적 토론이 이루어져야 합니다. 모든 가능한 정보를 고려하고 솔직하게 대화할 수 있어야 합니다. 때로는 정보가 모두 제공되지 않고 정치적, 경제적, 이념적인 특정 이해관계를 바탕으로 선별됩니다. 이는 다양한 문제들에 관하여 모든 변수를 고려하는 균형 잡힌 신중한 판단을 내리기 어렵게 만듭니다. 직간접적으로 어느 모로 관련된 모든 이(농민, 소비자, 행정 당국, 과학자, 종자 생산자, 농약 살포 농지 근처 주민 등)가 자신들의 문제를 알리고, 현재와 미래의 공동선을 위한 결정을 내릴 수 있도록 믿을 만한 충분한 정보를 얻는 논의의 장이 반드시 마련되어야 합니다. 이는 복합적인 환경 문제이기에 포괄적인 접근이 필요합니다. 그래서 적어도 그 문제를 새롭게 조명하는 독립적이고 학제적인 연구를 위한 자금 지원 노력이 필요합니다.

136.   다른 한편으로, 일부 생태 운동에서는 환경의 온전함을 수호하고 과학 연구의 제한을 정당하게 요구하면서도, 때로는 동일한 원칙을 인간 생활에 적용하지 못하는 경우가 있습니다. 살아 있는 인간 배아를 연구할 때 모든 제한을 넘어서는 것을 정당화하는 것입니다. 우리는 양도할 수 없는 인간 가치가 인간의 발전 수준보다 훨씬 중요하다는 사실을 잊어버립니다. 이처럼 기술이 위대한 윤리 원칙들을 경시하면 결국 모든 행위를 정당화하게 됩니다. 우리가 이 장에서 살펴본 대로, 윤리를 배제한 기술은 자기 힘을 스스로 통제하기가 무척 어려울 것입니다.

제4장
통합 생태론

137. 모든 것이 서로 밀접한 관련을 맺고 있으며 오늘날의 문제들이 세계적 위기의 모든 측면을 고려하는 시각을 요구하기 때문에, 저는 인간적 사회적 차원을 분명히 존중하는 **통합 생태론**의 다양한 요소들에 관한 성찰을 제안합니다.

I. 환경, 경제, 사회 생태론

138. 생태론은 살아 있는 유기체들과 그 유기체가 성장하는 환경의 관계를 연구합니다. 여기에는 반드시 사회의 삶과 존속의 조건에 대한 성찰과 논의가 따르게 됩니다. 또한 발전, 생산, 소비의 모델들에 대한 의문을 제기하는 솔직함이 있어야 합니다. 모든 것이 서로 관계를 맺고 있다는 사실은 아무리 강조해도 지나치지 않습니다. 시간과 공간은 서로 동떨어진 것이 아니며, 원자나 아원자 입자조차도 따로 떼어 놓고 생각할 수 없습니다. 지구의 물리학적,

화학적, 생물학적 구성 요소들이 서로 관련되듯이, 생물종들도 우리가 결코 그 전체를 알고 이해할 수 없을 관계망을 형성하고 있습니다. 우리는 많은 유전 정보를 여러 생명체들과 공유합니다. 따라서 단편적이고 개별적인 지식은 현실에 대한 폭넓은 전망에 연결되지 않으면 일종의 무지가 될 수 있습니다.

139.   우리가 '환경'이라고 말할 때 이는 자연과 그 안에 존재하는 사회가 이루는 특별한 관계를 의미하는 것입니다. 그래서 자연을 우리 자신과 분리된 것이나 단순한 우리 삶의 틀로만 여기지 못하게 됩니다. 우리는 자연의 일부이며, 자연에 속하므로 자연과 끊임없는 상호 작용을 합니다. 어떤 지역이 오염된 이유를 알아내려면 사회의 기능, 경제, 행태, 유형, 현실 이해 방식에 대한 분석이 필요합니다. 변화의 규모를 생각해 볼 때, 개별 문제에 대한 구체적인 별도의 답을 찾는 것이 더 이상 가능하지 않습니다. 반드시 자연계 자체의 상호 작용과 더불어 자연계와 사회 체계의 상호 작용을 고려하며 포괄적인 해결책을 찾아야 합니다. 우리는 환경 위기와 사회 위기라는 별도의 두 위기가 아니라, 사회적인 동시에 환경적인 하나의 복합적인 위기에 당면한 것입니다. 그 해결책을 위한 전략에는 빈곤 퇴치와 소외된 이들의 존엄 회복과 동시에 자연 보호를 위한 통합적 접근이 요구됩니다.

140.   구체적인 기업 활동이 환경에 끼치는 영향을 파악할 때 고려해야 하는 요소들이 많고 다양하기 때문에, 연구자들이 각자 합당한 역할을 맡아 폭넓은 학문적 자유를 누리며 서로 교류할 수 있

도록 도와야 합니다. 이러한 지속적인 연구는, 다양한 피조물들이 어떻게 서로 관계를 맺으며 오늘날 '생태계'라고 불리는 커다란 단위를 이루는지를 이해하는 데에 도움을 주어야 합니다. 우리가 생태계에 관심을 기울이는 이유는 그 합리적 활용 방법을 찾기 위해서만이 아니라 그 효용과는 별도로 생태계가 고유한 가치를 지니고 있기 때문입니다. 모든 유기체는 하느님의 피조물이기에 그 자체로 좋고 감탄을 자아냅니다. 또한 하나의 체계로 기능하는 일정한 공간 안에서 다양한 유기체들이 조화를 이루며 공존하는 경우에도 그러합니다. 우리는 의식하지 못하는 가운데 생존을 위하여 이 공존에 의존합니다. 우리는 생태계가 이산화탄소의 분해, 물의 정화, 질병과 전염병의 통제, 토양의 형성, 배설물의 분해를 통해서, 그리고 우리가 간과하거나 모르는 많은 방법을 통해서 어떻게 상호작용을 하고 있는지를 기억해야 합니다. 이를 깨닫게 되면 많은 사람들이 우리가 이미 주어진, 곧 우리의 역량과 존재에 앞서는 실재를 토대로 살고 활동한다는 것을 새롭게 인식하게 됩니다. 그러므로 '지속 가능한 이용'을 언급할 때에는 개별 생태계의 재생력을 그 다양한 영역과 측면에서 논의하는 것도 포함시켜야 합니다.

141. 다른 한편으로, 경제 성장은 생산 과정의 단순화와 비용 절감을 위한 자동화와 규격화를 추구합니다. 이 때문에 현실을 더 포괄적으로 바라볼 수 있게 해 주는 '경제 생태론'이 필요합니다. 환경 보호는 사실 "발전 과정의 핵심 요소이어서 별도로 다룰 수 없습니다."[114]

---

114. 국제 연합, '환경과 개발에 관한 리우 선언'(*Rio Declaration on Environment and Development*), 1992.6.14., 제4원칙.

그런데 이와 동시에 우리는 경제학을 포함한 다양한 학문 분야를 아우르는 인본주의가 절실히 필요합니다. 오늘날, 환경 문제의 분석은 인간, 가정, 노동, 도시의 상황에 대한 분석과 분리할 수 없습니다. 또한 인간이 타인과의 관계와 더불어 환경과의 관계를 맺는 방식에 영향을 주는, 자신과 맺는 관계에 대한 분석과도 분리될 수 없습니다. 생태계들의 상호 작용과 사회의 다양한 영역들 간의 상호 작용이 존재하는 것입니다. 그래서 "전체는 부분보다 크다."[115] 라는 사실이 다시 한번 입증됩니다.

142. 모든 것이 서로 관계를 맺고 있다면, 사회 제도의 건전함도 환경과 인간 삶의 질에 영향을 미칩니다. "연대와 민간 우호를 침해하는 것은 모두 환경을 해치는 것입니다."[116] 이러한 의미에서 사회 생태론은 필연적으로 제도와 관련되며, 사회의 기초 집단인 가정에서 시작하여 점진적으로 지역 공동체와 국가, 그리고 국제적 삶까지 그 대상으로 삼습니다. 사회의 각 계층 안에서, 그리고 그 계층들 사이에서, 인간관계를 규제하는 제도들이 발전합니다. 그러한 제도를 약화시키는 것은 무엇이든 자유의 상실, 불의, 폭력과 같은 부정적인 결과를 가져옵니다. 많은 나라들에서 불안정한 제도로 국민들이 피해를 입고 그러한 상황을 이용하여 이득을 취하는 이들도 있습니다. 국가 행정과 다양한 차원의 시민 사회, 또는 개인들의 관계에서도 불법 행위가 너무 흔하게 자행되고 있습니다. 형식을 제대로 갖춘 법률이 제정되지만, 이는 흔히 사문화되고 맙니다. 그런

---

115. 「복음의 기쁨」, 237항.
116. 「진리 안의 사랑」, 51항.

데도 그러한 경우에도 환경 관련 법률과 규정이 실제 효력이 있을 것이라고 기대할 수 있겠습니까? 예를 들면, 분명히 삼림 보호법이 있음에도 그 법의 위반 사례가 자주 발생하여도 묵인하는 국가가 있습니다. 더 나아가, 어느 한 지역에서 일어난 일들이 다른 지역에 직간접적인 영향을 미칠 수 있습니다. 예를 들면, 풍요한 사회에서 마약을 소비하면, 빈곤 지역에서 나오는 마약 제품에 대한 수요가 지속되거나 조장될 수 있습니다. 그러한 지역에서는 부패가 만연하고 삶이 파괴되며 결국 환경이 파괴되는 데에 이르게 됩니다.

II. 문화 생태론

143. 자연 유산과 마찬가지로 역사, 예술, 문화의 유산도 위협받고 있습니다. 이 유산은 한 지역의 공동 정체성을 이루고 살 만한 도시 건설의 기초가 됩니다. 그렇다고 해서 기존의 도시를 무너뜨리고, 사람이 사는 데에 꼭 편하지만은 않은 이른바 더 친환경적인 도시를 새로 건설하자는 것은 아닙니다. 그 지역의 고유한 정체성을 보존하면서 역사와 문화와 건축을 통합해야 합니다. 그래서 생태론은 가장 넓은 의미의 인류 문화재 보호와도 관련됩니다. 더 직접적으로 말해서 환경과 관련된 문제를 분석하면서 과학 기술 언어와 일상 언어 사이의 대화를 촉진하고 지역 문화에 더 큰 관심을 기울여야 하는 것입니다. 문화를 과거의 기념물로만 여길 수 없습니다. 문화는 무엇보다도 인간과 환경의 관계를 성찰할 때 배제할 수 없는 살아 있고 역동적이며 능동적인 것입니다.

144. 오늘날 세계화된 경제로 조장된 소비주의적 관점은 문화의 획일화를 추구하고 모든 인류의 보화인 엄청난 문화적 다양성을 약화시킵니다. 이러한 이유로, 획일화된 규율이나 기술적인 개입으로 모든 문제를 해결하려는 시도는 지역 주민들의 적극적인 참여가 필요한 지역적 문제들의 복잡성을 간과하는 결과를 낳습니다. 개발 단계에 있는 새로운 절차들을 외부에서 수립한 틀에 언제나 맞출 수는 없고, 자체적인 지역 문화에 기초를 두어야 합니다. 삶과 세상이 역동적이기에 우리도 세상을 유연하고 역동적으로 다루어야 합니다. 순전히 기술적인 해결책만으로는 본질적 문제에 대처하지 못하고 증상만을 다루게 될 위험이 있습니다. 민족들의 권리와 문화의 관점을 존중할 필요가 있습니다. 또한 한 사회 집단의 발전은, 문화적 상황 안에서 전개되는 역사적 과정을 전제로 하며, 지역 사회 일꾼들이 자신의 **고유한 문화 안에서 시작하는** 지속적이고 적극적 참여가 필요하다는 사실을 인식해야 합니다. 삶의 질에 대한 개념은 강요될 수 없으며, 각 인간 집단의 고유한 상징과 관습의 세계 안에서 이해되어야 합니다.

145. 여러 형태의 철저한 환경 착취와 파괴는 지역 공동체의 생계 수단을 고갈시킬 뿐만 아니라, 문화적 정체성과 더불어 생존과 공동생활의 의미를 오랫동안 보존해 온 생활 방식을 가능하게 해 주는 사회 구조들을 망가뜨리기도 합니다. 문화의 소멸은 식물종이나 동물종의 소멸만큼이나, 또는 그 이상으로 심각한 문제가 될 수 있습니다. 단일한 생산 방식에 연결된 하나의 지배적인 생활 방식을 강요하는 것은 생태계의 개조만큼이나 해로울 수 있습니다.

146. 이러한 의미에서, 토착 공동체와 그들의 문화 전통에 각별한 관심을 기울이는 것이 중요합니다. 그들은 단지 여러 소수 집단 가운데 하나가 아니라 주요 이해 당사자가 되어야 합니다. 그들이 사는 지역에 영향을 미치는 대규모 사업이 진행될 때 특히 그러합니다. 사실 그들에게 땅은 상품이 아니라 하느님과 그곳에 묻힌 조상들의 선물로, 그들의 정체성과 가치를 함양하고자 관계를 맺어야 하는 거룩한 자리입니다. 그들이 자기 땅에 머무를 때 그 땅을 가장 잘 돌봅니다. 그러나 세계 여러 지역에서 자연과 문화의 훼손을 도외시한 채 자행되는 광업, 농업, 축산업 개발 계획에 밀려 그들은 자신의 땅을 버리고 떠나라는 압력을 받고 있습니다.

Ⅲ. 일상생활의 생태론

147. 참다운 발전을 논하려면 그것이 인간 삶의 질의 온전한 증진을 이루는지를 확인해야 합니다. 여기에는 인간의 삶이 전개되는 공간에 대한 분석이 포함됩니다. 이 주변 상황은 우리의 인생관과 정서와 행동에 영향을 미칩니다. 또한 우리는 방, 집, 일터, 동네에서 자신의 정체성을 표현하고자 환경을 이용합니다. 우리는 환경에 적응하려고 온갖 노력을 기울입니다. 그러나 어떤 환경이 무질서하고 혼란스럽거나 시청각적 공해가 있는 경우에는 그러한 지나친 자극이 온전하고 행복한 정체성을 형성하려는 우리의 노력을 방해합니다.

148. 주어진 조건의 악영향을 개선하고, 무질서와 불확실성 안

에서도 자신의 삶의 방향을 깨달아 환경의 제약을 초월할 수 있는 개인이나 집단의 창의력과 관대함은 경탄할 만합니다. 예를 들면, 건물의 외부는 많이 낡았어도 그 집 내부를 잘 관리하거나 사람들의 따뜻한 마음과 우의로 아늑함을 느끼는 이들이 있습니다. 한집에 사는 사람들이 긍정적으로 서로 도우며 화목하게 살아가면 언뜻 보기에는 살기 힘든 환경에서도 환한 빛이 흐르게 됩니다. 때때로 가난한 이들이 많은 어려움 속에서도 이룩하는 인간 생태계는 칭찬받을 만합니다. 친밀하고 따뜻한 인간관계를 쌓아 간다면, 공동체를 이룬다면, 관계망 안에서 친교와 소속감을 느끼는 모든 사람이 환경의 제약에 상응하는 내적 보상을 받는다면, 인구 밀도가 점점 높아지는 주거 지역 때문에 생기는 질식감을 없앨 수 있습니다. 이러한 방식으로 그 어떤 지역이든 더 이상 지옥이 아니라 존엄하게 살 수 있는 환경으로 바뀔 수 있습니다.

149.　화합하지 않거나 개방되지 않거나 통합 가능성이 없는 지역에서 발생하는 극심한 빈곤은 잔혹 사건과 범죄 조직의 착취로 이어질 수 있습니다. 문제가 매우 심각한 거주 지역에 사는 사람들은 대도시에서 날마다 체험하는 사회적 익명성의 영향으로 뿌리 의식이 없어지고 이는 반사회적 행동과 폭력을 낳게 됩니다. 그럼에도 저는 사랑이 더 강하다는 사실을 강조하고 싶습니다. 그러한 상황에 놓인 많은 사람들은 자아의 벽을 무너뜨리고 이기주의의 장벽을 극복하는 공동체 체험으로 소속감을 지니고 더불어 살아가면서 인구 과밀의 상황을 바꿀 수 있습니다. 이러한 공동체적인 치유의 체험이 때로는 한 건물이나 동네의 개선을 위한 창의적인 반응

을 불러일으킬 수 있습니다.[117]

150. 생활 공간과 인간 행동의 상호 관계를 고려하여, 건물, 동네, 공공장소, 도시를 설계하는 이들은 인간의 사고방식, 상징체계, 행동 방식의 이해를 돕는 여러 학문들의 도움이 필요합니다. 설계의 아름다움의 추구만으로는 충분하지 않습니다. 인간 삶의 질, 인간과 환경의 조화, 만남과 상부상조와 같은 또 다른 아름다움에도 도움이 될 때 더욱 값진 것이 됩니다. 이러한 이유로 도시 계획의 분석에 관련 지역 주민들의 견해를 더 많이 반영하는 것이 매우 중요합니다.

151. 소속감, 뿌리 의식, '편안함'을 증진하는 공공장소, 명소, 도시 경관을 가꿀 필요가 있습니다. 도시의 여러 지역이 잘 통합되는 것이 중요하고, 또한 지역 주민들이 도시 전체를 다른 이들과 공유하는 공간이라 여기지 않고 자기 동네에만 갇혀 살기보다는 하나라는 시각을 갖는 것이 중요합니다. 도시와 농어촌의 경관을 바꾸는 경우에 지역의 여러 요소들을 고려해야 합니다. 그래서 주민들이 이 전체적인 것을 풍부한 의미를 지닌 일관된 틀로 여길 수 있어

---

117. 몇몇 저자들은 이를테면 라틴 아메리카의 판자촌(villas, chabolas, favelas) 같은 곳에서 자주 발견되는 가치를 강조하여 왔다. 후안 카를로스 스칸노네(Juan Carlos Scannone, S.J.), '가난한 이들의 등장과 무상성의 논리'(*La irrupción del pobre y la lógica de la gratuidad*), 후안 카를로스 스칸노네-마르셀루 페리네(Marcelo Perine) 편, 『가난한 이들의 등장과 철학적 작업. 새로운 이성성을 향하여』(*Irrupción del pobre y quehacer filosófico. Hacia una nueva racionalidad*), 부에노스아이레스, 1993, 225-230면 참조.

야 합니다. 그래야만 다른 사람들을 더 이상 이방인이 아니라, 더불어 사는 '우리'의 일부로 여길 수 있습니다. 똑같은 이유로, 도시와 농어촌에서 모두, 일부 지역들을 인간의 개입으로 일어나는 지속적인 변화에서 보호하고 보존하는 것이 바람직합니다.

152. 주택 부족은 세계의 많은 지역에서, 대도시만이 아니라 농어촌 지역에서도 심각합니다. 국가 예산은 대개 수요의 일부만을 충족시키기 때문이기도 합니다. 가난한 이들만이 아니라 사회의 다른 많은 구성원들도 집을 마련하기가 매우 어렵습니다. 집을 마련하는 것은 인간 존엄과 가정의 발전에 매우 중요합니다. 이는 인간 생태론의 핵심 과제입니다. 임시 판자촌이 우후죽순처럼 들어선 일부 지역에서, 주민들을 완전히 몰아내기보다는 먼저 그 지역을 개발하는 것이 중요합니다. 가난한 이들이 오염된 도시 근교나 위험한 집단 거주지에서 살아갈 때, "고통이 가중되지 않도록 그들을 다른 곳으로 이전시켜야 할 경우에는 사전에 적절한 정보를 제공하여 알맞은 주거지를 선택할 수 있게 해야 하며, 직접적인 관련자들을 그 과정에 참여시켜야 합니다."[118] 동시에, 창의력을 발휘하여 낙후된 지역을 살기 좋은 도시로 통합하게 해야 합니다. "해로운 불신을 극복하고 다른 이들을 온전히 받아들여 바로 이 통합을 새로운 발전 요인으로 만드는 도시들은 얼마나 아름답습니까! 건축 분야에서도, 다른 이들과 교류하고 관계를 맺으며 알아 가는 공간들로 가득 찬 도시들은 얼마나 매력적입니까!"[119]

---

118. 『간추린 사회 교리』, 482항.
119. 『복음의 기쁨』, 210항.

153. 도시에서는 삶의 질이 교통 체계와 깊이 관련되어 있습니다. 이 교통 체계는 종종 주민들에게 큰 고통을 안겨 주는 원인이 되기도 합니다. 한두 사람만 승차한 많은 차량들이 도시를 돌아다니면서 교통 혼잡을 초래하고 공해를 악화시키며 엄청난 양의 비재생 에너지를 소비합니다. 또한 도시의 경관을 망가뜨리는 많은 도로와 주차장의 건설이 필요하게 됩니다. 많은 전문가들은 대중교통을 최우선 과제로 삼아야 한다는 것에 동의합니다. 이러한 교통수단의 근본적 개선이 없으면 필요한 몇몇 조치들이 평화로운 방식으로 수용되지 못할 것입니다. 많은 도시들에서 사람들은 과밀, 불편, 긴 배차 간격, 불안 때문에 품위 없는 대접을 견뎌야만 합니다.

154. 인간 고유의 존엄성의 존중은, 사람들이 도시 생활에서 감내해야 하는 혼란스러운 생활과 흔히 마찰을 빚습니다. 그러나 우리는 소외와 무시를 당하는 농어촌 지역 주민들의 처지도 잊어서는 안 됩니다. 농어촌에는 공공 서비스의 혜택을 받지 못하고 좀 더 존엄한 삶에 대한 권리도 희망도 없이 노예의 처지로 추락하는 노동자들이 존재합니다.

155. 인간 생태론에는 또 다른 심오한 측면도 있습니다. 곧 인간의 삶과 우리 본성에 새겨진 도덕률이 맺는 필연적 관계, 곧 더 존엄한 환경을 만드는 데 반드시 필요한 관계를 포함하고 있는 것입니다. 베네딕토 16세 교황께서는 "사람은 존중해야 하며, 마음대로 조작할 수 없는 본성도 지니고 있다."라는 사실에 토대를 둔 "인간

생태론"[120]에 관하여 말씀하셨습니다. 이러한 맥락에서 우리의 몸이 우리가 환경과 그리고 다른 피조물들과 직접적 관계를 맺게 해 준다는 것을 인식해야 합니다. 우리의 몸이 하느님의 선물임을 인정하는 것은 이 세상을 하느님 아버지의 선물이며 우리의 공동의 집으로 받아들이고 인정하는 데에 매우 중요합니다. 그러나 우리 자신의 몸을 마음대로 다룰 수 있다는 생각은 종종 우리가 모르는 사이에 피조물을 마음대로 다룰 수 있다는 생각으로 바뀌게 됩니다. 우리 몸을 받아들이며 돌보고 그 의미를 존중하는 법을 배우는 것은 참다운 인간 생태론의 본질적인 요소입니다. 또한 이성과의 만남에서 자기 자신을 인식할 수 있으려면, 여성성이나 남성성을 지닌 자신의 몸을 소중히 여기는 것이 필요합니다. 이렇게 하여 우리는 창조주 하느님의 작품인, 나와 다른 남자나 여자라는 특별한 선물을 기쁘게 받아들이고 서로를 풍요롭게 할 수 있습니다. "성적 차이에 대처하는 법을 모르니 그 차이를 없애야 한다."[121] 라고 주장하는 것은 건전한 태도가 아닙니다.

IV. 공동선의 원리

156. 통합 생태론은 사회 윤리에서 핵심적이고 통일적인 원리인 공동선의 개념과 분리될 수 없습니다. 공동선은 "집단이든 구성원

---

120. 베네딕토 16세, 독일 연방 의회에서 한 연설, 베를린, 2011.9.22., *AAS* 103(2011), 668면.
121. 프란치스코, 「교리 교육」, 2015.4.15., 『로세르바토레 로마노』(*L'Osservatore Romano*), 2015.4.16., 8면.

개인이든 자기완성을 더욱 충만하고 더욱 용이하게 추구하도록 하는 사회생활의 조건의 총화"[122]입니다.

157. 공동선은, 자신의 통합 발전을 위한 근본적인 양도할 수 없는 권리를 부여받은 인간의 존중을 전제로 합니다. 이는 보조성의 원리를 적용하면서, 사회 보장과 복지 제도, 그리고 여러 중간 집단의 발전도 필요로 합니다. 그 가운데 두드러진 집단은 사회의 기초 세포인 가정입니다. 끝으로, 공동선은 사회 평화, 곧 확고한 질서의 안정과 보장을 요구합니다. 이는 특히 분배 정의를 존중하지 않으면 이루어질 수 없습니다. 분배 정의가 침해당하면 언제나 폭력이 발생합니다. 사회 전체, 특히 국가는 공동선을 수호하고 증진해야 할 의무가 있습니다.

158. 불의가 판치고 점점 많은 사람들이 배척당하며 기본권을 박탈당하는 세계화된 사회라는 현재 상황에서는 논리적이고 필연적으로 공동선의 원리가 곧바로 연대로의 부름이자 가장 가난한 이들을 위한 우선적 선택이 됩니다. 이러한 선택은 지상 재화의 보편적 목적을 암시하고 있습니다. 그러나 제가 「복음의 기쁨」에서 다룬 것처럼,[123] 이는 먼저 믿는 이로서 우리가 가장 심오한 신앙의 확신에 비추어 가난한 이들의 커다란 존엄에 대하여 성찰할 것을 요구합니다. 오늘날 이러한 선택이 공동선의 효과적인 실현에 근본이 되는 윤리적 요청이라는 사실을 이해하려면 우리 주변을 한번 돌아

---

122. 사목 헌장 26항.
123. 「복음의 기쁨」, 186-201항 참조.

보는 것으로 충분합니다.

V. 세대 간 정의

159. 공동선의 개념은 또한 미래 세대도 관련됩니다. 세계 경제 위기는 우리 후손들도 예외일 수 없는 공동 운명을 무시하는 악영향을 신랄하게 보여 주었습니다. 오늘날 우리는 세대 간 연대 없이는 지속 가능한 발전을 더 이상 논할 수 없습니다. 우리가 미래 세대에게 물려줄 지구를 생각하면, 우리가 거저 받은 선물을 전달하는 것에 관한 새로운 논리에 접어들게 됩니다. 세상이 우리에게 선사된 것이라면 우리는 더 이상 개인적 유익을 위한 효율과 생산성이라는 공리주의적 원칙으로만 생각할 수 없습니다. 세대 간 연대는 선택의 문제가 아니라 정의의 근본적인 문제입니다. 우리가 받은 지구는 우리 후손들에게도 속하기 때문입니다. 포르투갈 주교들은 우리가 이러한 정의의 의무를 받아들일 것을 요청하였습니다. "환경은 받음의 논리에 속하는 것입니다. 환경은 각 세대가 빌려 쓰는 것으로 다음 세대에 넘겨주어야 하는 것입니다."[124] 통합 생태론은 이러한 폭넓은 전망을 담은 것입니다.

160. 우리 후손들, 지금 자라나는 어린이들에게 어떤 세상을 물려주고 싶습니까? 이 질문은 환경만을 따로 떼어 놓고 하는 것이 아닙니다. 이 문제에 부분적으로 접근할 수 없기 때문입니다. 우리

---

124. 포르투갈 주교회의, 사목 교서 '공동선을 위한 연대 책임'(*Responsabilidade Solidária pelo Bem Comum*), 2003.9.15., 20항.

가 물려주고 싶은 세상에 대하여 스스로 질문을 제기할 때에는, 무엇보다도 그 전체적 방향, 의미, 가치를 생각합니다. 만일 우리가 이러한 근본적인 문제들을 치열하게 다루지 않는다면, 우리의 환경을 위한 노력이 중요한 결과를 낳지 못할 것이라고 저는 생각합니다. 그러나 우리가 용기를 내어 이러한 질문을 하면, 반드시 또 다른 매우 직접적 질문을 제기하게 될 것입니다. 우리는 어떠한 목적을 가지고 세상을 살아가는가? 우리가 세상에 온 목적이 무엇인가? 우리는 무엇을 위하여 일하고 노력하고 있는가? 지구는 왜 우리를 필요로 하는가? 그러므로 그저 우리가 미래 세대만을 걱정한다고 말하는 것으로는 충분하지 않습니다. 우리 자신의 존엄이 위기에 빠져 있음을 인식해야 합니다. 미래 세대에게 살 만한 지구를 물려주는 것은 그 무엇보다도 우리 손에 달려 있습니다. 이는 우리가 지상에서 살아가는 것의 의미를 묻는 것이기에 우리 자신에게 매우 중요한 일입니다.

161.　종말에 대한 예언은 더 이상 비웃거나 무시할 수 없습니다. 우리는 다음 세대에게 엄청난 잔해와 황무지와 쓰레기를 남겨 줄 수 있습니다. 소비, 낭비, 환경 변화의 속도는 지구의 한계를 넘어섰습니다. 그래서 현재의 생활 방식은 더 이상 유지될 수 없기에, 이미 세계의 여러 지역에서 주기적으로 발생하고 있는 것처럼 재앙으로 치달을 수밖에 없습니다. 현재 불균형의 영향을 줄이는 것은 우리가 지금 여기에서 하는 행동에 달려 있습니다. 특히 최악의 결과를 감수하게 될 이들이 우리에게 추궁할 책임을 생각하면 더욱 그러합니다.

162. 이러한 도전에 진지하게 맞서는 데에 방해가 되는 것은 환경 훼손을 수반하는 윤리적 문화적 타락과 관련됩니다. 탈근대 세계에 사는 사람들은 지나친 개인주의에 빠질 위험에 언제나 노출되어 있습니다. 많은 사회 문제들은 즉각적인 만족을 추구하는 자기중심적인 문화, 가정적 사회적 결속의 위기, 다른 이들을 인정하지 못하는 것과 관련됩니다. 부모들은 과도하고 근시안적인 소비로 자녀들에게 상처를 입힙니다. 그래서 자녀들은 자신의 집을 마련하고 가정을 꾸리는 데에 점점 더 커다란 어려움을 겪게 됩니다. 더 나아가, 우리가 미래 세대에 대하여 진지하게 생각하지 못하는 것은 우리 관심의 지평을 넓히지 못하는 것과 발전에서 소외된 많은 이들을 배려하지 못하는 것과도 관련되어 있습니다. 미래의 가난한 사람들만을 생각하느라 길을 잃지 맙시다. 이 지구에서 살날이 많지 않고 마냥 기다릴 수 없는 오늘날의 가난한 사람들을 기억합시다. 그러므로 "더욱 공평한 세대 간 연대 의식에 덧붙여, 세대 내 연대 의식을 새롭게 하고자 하는 도덕적 요구도 절실합니다."[125]

---

125. 베네딕토 16세, 2010년 세계 평화의 날 담화, 8항.

제5장
접근법과 행동 방식

163. 저는 우리가 살고 있는 지구에 난 흠집만이 아니라 인간이 초래한 심각한 환경 훼손의 원인들을 살펴보면서, 인류의 현재 상황을 분석하고자 하였습니다. 이러한 현실 자체만을 보아도 이미 방향 전환과 다른 조치의 필요성이 드러나지만, 우리가 점점 빠져들고 있는 자멸의 소용돌이에서 벗어나도록 해 주는 주요한 대화의 길들을 이제 그려 나가 봅시다.

I. 환경에 관한 국제적 정치 안에서의 대화

164. 지난 세기 중반 이후 많은 어려움들을 극복하며 우리의 지구가 고향이며 인류는 공동의 집에 사는 한 민족이라고 의식하는 경향이 점차 나타났습니다. 세계가 서로에게 의존한다는 사실은, 우리 모두에게 영향을 미치는 특정한 생활 양식, 생산과 소비 방식의 부정적 결과를 우리가 깨닫게 할 뿐 아니라, 해결책들을

단지 일부 국가들의 이익 보호만이 아니라 세계적 관점에서 제안하도록 하는 것을 의미합니다. 이러한 상호 의존은 우리에게 **공동 계획을 가진 하나의 세상**을 생각하지 않을 수 없게 합니다. 그러나 엄청난 기술 발전에 사용된 그 지성은 심각한 환경과 사회 문제들을 해결하기 위한 효과적인 국제적 운영 방식들을 찾아내지 못하고 있습니다. 개별 국가만의 조치로는 해결할 수 없는 근본적 문제들을 다루려면 세계적인 합의가 반드시 필요합니다. 예를 들어 이러한 합의는 지속 가능하며 다양화된 농업 계획의 수립, 재생 가능하고 오염이 더 적은 형태의 에너지 개발, 높은 에너지 효율성의 촉진, 삼림과 해양 자원 관리 개선, 식수의 보편적 접근 보장을 이끌어 낼 수 있습니다.

165.   우리는 엄청난 오염을 유발하는 화석 연료, 특히 석탄과 석유와 더불어 소비량은 적지만 가스를 기반으로 하는 기술의 점진적인 대체를 바로 시작해야 한다는 것을 알고 있습니다. 재생 가능 에너지의 광범위한 개발이 이미 시작되었어야 하지만 이제라도 더 폭넓게 이루어지기를 기다리며, 그러기까지는 차악을 선택하거나 단기 해결책을 찾는 것이 타당합니다. 그럼에도 국제 공동체는 에너지 전환에 필요한 많은 비용을 누가 지불할 것인지에 대한 적절한 합의를 여전히 이루지 못하고 있습니다. 최근 수십 년 동안 환경 문제는 폭넓은 공개 토론을 촉발하여 시민 사회 안에서 커다란 책임감으로 열심히 노력하는 이들을 위한 자리를 마련하게 되었습니다. 정치와 산업은 우리 세상이 당면한 긴급한 도전 과제들에 적절히 반응하는 데에 게을렀습니다. 이런 의미에서 후기 산업 사회

시대의 인류는 아마도 역사상 가장 무책임한 세대로 기억될 것이지
만, 21세기 초의 인류는 자기의 막중한 책임을 기꺼이 떠맡았다고
기억되었으면 합니다.

166. 세계적으로 생태 운동은 많은 시민 사회단체들의 노력으
로 이미 큰 발전을 이루어 왔습니다. 여기에서 그 모든 단체를 언급
하거나 그 공헌한 역사를 되짚어 보는 것은 불가능합니다. 그러나
시민 사회단체들의 노력 덕분에 환경 문제는 점점 더 공적 의제로
자리를 잡아 장기적 성찰이 필요한 지속적인 과제가 되었습니다. 그
럼에도 최근에 있었던 환경에 관련된 세계 정상 회담은 기대에 부
응하지 못하였습니다. 정치적 의지가 결여되어 참된 의미가 있는 효
과적인 세계적 합의에 도달할 수 없었기 때문입니다.

167. 1992년 리우데자네이루에서 개최된 '지구 정상 회의'는 중요
한 회의였습니다. 이 회의는 "인류는 지속 가능한 발전에 관한 논의
의 중심에 서 있다."[126] 고 선언하였습니다. 이 회의는 1972년 스톡홀
름 선언의 일부 내용을 반영하며, 무엇보다도 지구 전체의 생태계를
돌보려는 국제 협력, 환경 오염을 초래한 이들의 경제적 책임, 모든
개별 사업이나 계획의 환경 영향 평가를 의무화하였습니다. 지구 온
난화 추세를 역전시키려는 대기 중 온실가스 배출 제한 목표가 마련
되었습니다. 실천 계획을 담은 의제와 생물 다양성 협약을 마련하였
고, 삼림에 관한 원칙들을 발표하였습니다. 이 정상 회의는 당시로서

---

126. 국제 연합, 「환경과 개발에 관한 리우 선언」(*Rio Declaration on Environ-
ment and Development*), 1992.6.14., 제1원칙.

는 참으로 혁신적이고 선구적이었지만, 이때 이루어진 협약들은 제대로 실행되지 않았습니다. 감시, 정기 검사, 위반 행위 제재를 위한 적절한 장치가 마련되지 못하였기 때문입니다. 이 회의에서 발표된 원칙들의 현실적 실현을 위한 신속하고 효과적 방법들이 필요합니다.

168. 이에 관련된 긍정적 경험의 사례에는 유해 폐기물에 관한 바젤 협약이 있습니다. 이 협약에는 유해 폐기물의 [국가 간 이동에 관한] 사전 통보, 표준 규범, 규제 체계가 담겨 있습니다. 또한 멸종위기에 놓인 야생 동식물종의 국제 거래에 관한 협약도 그 사례에 포함됩니다. 여기에는 그 효과적 이행을 검증하려는 현장 방문 조치가 담겨 있습니다. 오존층 보호를 위한 비엔나 협약, 그리고 몬트리올 의정서와 그 개정안을 통한 그 협약의 실행으로 오존층 감소 문제는 해결의 길로 들어선 듯합니다.

169. 생물 다양성 보존과 사막화에 관한 문제 해결의 진전이 제대로 이루어지지 않았습니다. 유감스럽게도 기후 변화와 관련한 진전도 거의 없었습니다. 온실가스 감축을 위해서 무엇보다도 강대국들과 환경을 가장 많이 오염시키는 나라들의 정직과 용기와 책임이 요구됩니다. 2012년 리우데자네이루에서 개최된 이른바 '리우+20'으로 불리는 '국제 연합 지속 가능 발전 정상 회의'는 많은 문제를 다루었지만 효과 없는 최종 선언문을 내놓았습니다. 세계적 공동선보다 자국의 이해관계를 앞세우는 나라들의 입장 때문에 국제적 협의는 중요한 진척을 이루지 못합니다. 우리가 감추고자 한 것의 결과로 고통받게 될 사람들은, 이렇게 양심과 책임을 다하지 못한 사실을 결코

잊지 않을 것입니다. 이 회칙이 준비되고 있는 동안에도 격렬한 토론이 이루어졌습니다. 우리 신자들은 현재 진행되고 있는 토론에서 긍정적인 결과를 얻어 낼 수 있도록 하느님께 기도하여, 신중하지 못한 늑장 대응으로 미래 세대들이 고통받지 않게 해야 합니다.

170. 오염 가스 배출 감축을 위한 일부 전략은 환경 비용을 모든 국가가 분담할 것을 요청합니다. 여기에는 그러한 배출 감소를 위하여, 자원이 부족한 나라가 고도로 산업화된 나라와 비교하여 상대적으로 과도한 부담을 지게 될 위험이 있습니다. 이러한 조치의 실행은 개발을 가장 필요로 하는 나라들에 피해를 입히게 됩니다. 이러한 방식으로 환경 보호를 구실 삼아 또 다른 불의를 저지르는 것입니다. 여기에서도 취약한 이들이 결국 그 대가를 치르게 됩니다. 지금 엄격한 조치들이 취해진다 하여도 기후 변화의 영향은 앞으로도 오랫동안 지속될 것이기에, 자원이 부족한 일부 국가들은 그에 대처하는 데에 도움이 필요할 것입니다. 그들은 그러한 기후 변화의 영향을 이미 받아 자국 경제에 타격을 입고 있습니다. 그래서 공동으로 책임을 져야 하지만 그것이 차등적으로 부과되어야 한다는 것은 여전히 분명합니다. 이는 볼리비아 주교들의 말처럼 "엄청난 온실가스 배출을 대가로 높은 수준의 산업화의 혜택을 누린 나라들은 자신이 초래한 문제의 해결에 더 커다란 책임을 져야 하기"[127] 때문입니다.

---

127. 볼리비아 주교회의, 볼리비아의 환경과 인간 발전에 관한 사목 교서 '우주, 삶을 위하여 하느님께서 주신 선물'(*El Universo, don de Dios Para la Vida*), 2012.3., 86항.

171. '탄소 배출권' 거래 전략은 새로운 형태의 투기를 유발할 수 있으며 세계적인 오염 가스 배출 감축에 도움이 되지 않을 것입니다. 이러한 체계는 환경에 대한 그럴듯한 노력을 가장한 쉽고 빠른 해결책을 제시하는 듯 보이나 결코 현 상황이 요구하는 근본적 변화를 가져오지는 못합니다. 오히려 이 체계는 그저 일부 나라들과 일부 지역들의 과도한 소비를 유지하게 하는 그런 방책이 될 수 있습니다.

172. 가난한 나라들은 자국민들의 빈곤 퇴치와 사회 발전을 최우선 과제로 삼아야 합니다. 또한 그 국민들 가운데 소수 특권층 집단의 터무니없는 소비 수준을 분석하고 더욱 효과적으로 부패에 맞서 싸워야 합니다. 이 나라들도 저공해 에너지 생산 방식을 개발해야 합니다. 그러나 이를 위해서는 지구를 현재와 같이 오염시켜 가면서 엄청난 성장을 이룬 나라들의 도움이 필요합니다. 풍부한 태양 에너지의 혜택을 받도록 개발 도상국들이 기술 이전과 더불어 기술과 재정 지원을 받을 수 있는 장치와 도움이 마련되어야 하는데, 이때 언제나 구체적 상황들을 고려해야 합니다. "기반 시설들이 그 설계가 이루어지던 상황에 적합하였는지 언제나 적절하게 평가받는 것은 아니기"[128] 때문입니다. 기후 변화가 가져올 위험에 비하면 그 비용은 적을 것입니다. 그 어떤 경우라도 이는 무엇보다도 모든 민족들의 연대를 바탕으로 하는 윤리적 결단입니다.

---

128. 교황청 정의평화평의회, 「에너지, 정의, 평화」(*Energia, Giustizia e Pace*), Ⅳ, 1, 바티칸, 2014, 56면.

173. 실행 가능한 국제 협약이 시급히 필요합니다. 지역 국가 당국들이 효과적으로 개입하기에는 역부족이기 때문입니다. 국제 관계에서 각국의 주권이 존중되어야 하지만 결국 모든 이에게 해를 끼치게 될 지역적 재해 방지를 위한 상호 합의된 대책 마련도 필요합니다. 일부 기업이나 강대국이 다른 나라에 오염 폐기물을 내다 버리거나 환경을 오염시키는 산업을 이전하는 것과 같은 용인할 수 없는 행위를 막고 의무를 부과하는 국제적 규범들이 필요합니다.

174. 해양 관리 체계도 언급되어야 합니다. 여러 국제적 지역적 협약들이 있지만 규제와 통제와 제재의 엄격한 체계가 제각각이거나 없는 경우에는 결국 모든 노력은 수포로 돌아가게 됩니다. 해양 폐기물과 공해(公海)의 보호와 관련된 문제들의 증가는 계속 특별한 도전 과제들을 보여 주는 것입니다. 궁극적으로 이른바 '세계 공동재'* 전체를 다루는 통치 제도에 대한 합의가 필요합니다.

175. 지구 온난화 추세를 반전시키려는 과감한 결단을 가로막는 논리가 빈곤 퇴치라는 목적마저 달성하지 못하게 합니다. 환경 오염의 감소와 가난한 국가와 지역의 발전이라는 사안을 동시에 다루는 데에 더욱 책임 있는 세계적 호응이 필요합니다. 21세기에도 구시대의 통치 제도가 여전히 유지되고 있지만 민족 국가들의 영향력 감소가 목격되고 있습니다. 이는 특히 초국가적 성격

---

* 역자 주: '세계 공동재'(global commons)는 심해, 남극, 북극, 공기, 기후, 우주와 같은 특정 국가나 개인이 독점할 수 없는 자연 자원을 지칭함. 오늘날에는 인터넷의 사이버 공간(cyber space)도 여기에 포함되기도 함.

을 지닌 경제와 금융이 정치를 지배하는 경향이 있기 때문입니다. 이러한 상황에서 국가 정부들의 합의 아래 공정한 방식으로 위임된 권위로 제재의 권한을 지닌 강력하고 효과적으로 구성된 국제조직의 수립이 필수적입니다. 교회의 사회 교리에서 이미 전개된 바에 따라 베네딕토 16세 교황께서는 다음과 같이 강조하셨습니다. "세계 경제를 관리하고 위기에 처한 경제를 되살리는 것, 현재의 위기가 악화되어 그에 따른 불균형이 심화되지 않는 것, 전체적이고 시의적절한 군비 축소와 식량 안정과 평화가 이루어지는 것, 환경을 보호하는 것, 이민을 규제하는 것, 이 모든 것을 위해서는 참된 세계적 정치 권위가 시급히 필요합니다. 이는 저의 선임자이신 성 요한 23세 교황께서 여러 해 전에 지적하신 것입니다."[129] 이러한 관점에서 외교는, 궁극적으로 모든 사람에게 해를 끼칠 가장 심각한 문제들을 예방하는 국제 전략의 촉진에 새로운 중요성을 지니게 됩니다.

Ⅱ. 새로운 국가적 지역적 정책을 위한 대화

176. 국가들 사이뿐만 아니라 가난한 나라의 내부에도 승자와 패자가 존재하기에, 그 가난한 나라들 안에서 차등적 책임이 적용되어야 합니다. 그래서 환경과 경제 발전과 관련된 문제들이 더 이상 국가 간 차이의 관점에서만 접근해서는 안 되며, 국가적 지역적 정책에 대한 주의를 필요로 합니다.

---

129. 「진리 안의 사랑」, 67항.

177. 인간의 능력이 무책임하게 오용될 가능성에 당면하여, 개별 국가는 자기 영토 안에서 수행하는 계획, 조정, 감시, 제재의 기능을 더 이상 외면할 수 없습니다. 한 사회가 끊임없이 과학 기술적 혁신을 도모하면서, 어떤 방식으로 그 미래를 계획하고 보호할 수 있겠습니까? 감시와 조정의 기능을 담당하는 요소에는 법률이 있으며, 이는 공동선에 비추어 허용되는 행위 규정을 마련합니다. 건전하고 성숙하며 자주적인 사회가 마련해야 하는 제한에는 예측, 주의, 적절한 규정, 규정 적용 감시, 부패 척결, 생산 과정의 바람직하지 않은 부작용에 대한 효과적 대처, 불확실하거나 가능한 위험에 대한 적절한 개입이 있습니다. 기업 활동으로 발생되는 오염을 줄일 목적으로 하는 법률이 늘고 있습니다. 그러나 정치적 제도적 틀은 단지 나쁜 관행의 방지만이 아니라 바람직한 관행을 장려하고, 새로운 길을 모색하는 창의력을 증진하며, 개인적 집단적 제안들을 장려해야 합니다.

178. 즉각적인 결과에 초점을 맞추는 정치적 계획은 소비를 추구하는 사람들의 지지를 바탕으로 단기적 성장만을 추구할 수밖에 없습니다. 정부는 선거권자들의 이해에 부응하여 소비 수준에 영향을 미치거나 해외 투자를 위협하는 조치로 국민들을 쉽사리 자극하려 들지 않습니다. 근시안적인 정권 수립으로 환경에 관한 장기적 안건들이 정부의 공공 정책에 제대로 반영되지 못합니다. 그래서 우리는 "시간이 공간보다 위대하다."[130]는 것을, 곧 권력의

---

130. 「복음의 기쁨」, 222항.

자리를 장악하는 것보다 과정들을 이루어 내는 데에 더 주의를 기울일 때에 언제나 더 풍요로운 결실을 맺게 된다는 사실을 망각합니다. 정치적 위대함은 어려운 시기에 중요한 기본 원칙에 따라 국정을 운영하며 장기적 공동선을 배려하는 것에서 드러납니다. 국가적인 계획에서 정권이 이러한 의무를 다하는 것은 무척 어려운 일입니다.

179.   일부 지역에서는 협동조합들이 생겨나서 재생 가능한 에너지를 이용하여 지역적으로 자급자족을 하고 남는 에너지는 팔기까지 합니다. 이 단순한 사례는 기존의 세계 질서가 책임을 지지 못하는 반면에, 지역의 개인과 단체들이 큰 차이를 만들어 낼 수 있다는 사실을 보여 줍니다. 지역의 개인과 단체의 차원에서는 더 큰 책임감, 더 강한 공동체 의식, 특별한 보호 능력, 더 많은 창의력, 자기 땅에 대한 깊은 사랑을 이끌어 낼 수 있습니다. 또한 이들은 자신들의 자녀와 손자들에게 남겨 줄 것에 대해서도 생각합니다. 이러한 가치관은 지역 주민들에게 매우 깊이 뿌리박혀 있습니다. 때로는 부패로 법 집행이 제대로 이루어지지 않으므로 정치적 결정에는 국민들의 압력이 필요합니다. 비정부 기구와 중간 집단들을 통해 사회는 정부에 압력을 가하여 더욱 엄격한 정책과 절차와 통제 방식을 만들어 내도록 해야 합니다. 시민들이 국가와 지역과 지자체의 정치적 권력을 통제하지 않으면 환경 피해를 막을 수 없습니다. 또한 이웃한 공동체들이 합의하여 동일한 환경 정책을 지지하면 지자체의 법률이 더 효력을 발휘하게 될 것입니다.

180. 획일적 해결책은 없습니다. 나라나 지역에 고유한 문제와 한계가 있기 때문입니다. 정치 현실에서는 잠정적 조치나 기술을 시행할 수도 있습니다. 그러나 이는 강제적 의무 조치를 단계별로 수립하고 받아들이는 것을 전제로 합니다. 그런데 국가와 지역 차원에서 에너지 절약 장려와 같은 할 일이 여전히 많습니다. 여기에는 에너지 효율의 극대화와 원료 사용 절약을 통한 산업 생산 방식의 촉진이 있습니다. 그래서 에너지 측면에서 비효율적이거나 오염을 가중시키는 상품을 시장에서 퇴출시키게 됩니다. 또한 여기에는 교통 체제를 개선하고 에너지 소비와 오염 수준이 낮은 건물의 신축과 개축의 권장도 포함됩니다. 지역 차원의 정치 활동은 소비의 변화, 쓰레기 처리와 재활용 경제의 발전, 특정 생물종의 보호, 그리고 윤작을 통한 다품종 농업 계획을 추구할 수 있습니다. 가난한 지역의 농업은 농촌 기반 시설, 지역이나 국내 시장의 조직, 관개 시설, 지속 가능한 농업 기술 개발에 대한 투자를 통하여 개선될 수 있습니다. 새로운 형태의 협력이나 공동체 조직의 촉진으로 소규모 생산자들의 이익을 증진하고 지역 생태계를 착취에서 보호할 수 있습니다. 할 수 있는 일이 정말 많습니다!

181. 연속성도 필수적입니다. 기후 변화와 환경 보호와 관련된 정책이 정권이 바뀔 때마다 변해서는 안 되기 때문입니다. 결과를 얻어 내는 데에 많은 시간이 걸리고 직접적인 비용이 필요하지만 정부의 임기 내에 뚜렷한 효과를 이끌어 내지 못할 수도 있습니다. 그러한 까닭에 국민과 시민 단체의 압력이 없다면 당국은 언제나 개입을 꺼릴 것입니다. 특히 문제를 긴급히 해결해야 하는 상황에

는 더욱 그러할 것입니다. 정치가가 이러한 책임과 함께 그에 따르는 비용을 감내하는 일은 오늘날 경제와 정치를 지배하는 효율과 단기적 성과의 논리와 충돌하게 됩니다. 그러나 그럴 용기를 낸다면 정치가들은 하느님께서 그들에게 주신 인간 존엄을 증언하게 될 것입니다. 그리고 그러한 역사 안에서 여정을 마치게 되면 그들의 헌신적 책임도 증언하게 될 것입니다. 제도를 개혁하고 조정하며 최상의 실천을 증진하고 부당한 압력과 관료적 타성을 극복할 수 있는 건강한 정치가 절실히 요구됩니다. 그러나 모든 사회에 고귀하고 탁월한 방향을 제시할 수 있는 위대한 목표와 가치, 그리고 인본주의적이고 깊은 의미가 있는 이해가 결여된다면 훌륭한 조치도 실패할 수 있다는 사실을 덧붙여야만 합니다.

Ⅲ. 정책 결정 과정의 대화와 투명성

182.   기업 활동과 사업의 환경 영향 평가는 투명한 정치적 과정을 필요로 합니다. 여기에는 대화가 필요합니다. 그런데 특혜를 통하여 특정 계획의 실제적 환경 영향을 은폐하는 부패는 흔히 정보 제공의 의무와 충분한 논의가 결여된 모호한 합의를 이끌어 냅니다.

183.   환경 영향 평가는 생산 계획, 어떤 정책이나 계획, 또는 프로그램의 수립 이후에 이루어져서는 안 됩니다. 환경 영향 평가는 처음부터 이루어져야 하며 학제적 방식으로 투명하며 모든 경제적 정치적 압력에서 벗어나 시행되어야 합니다. 이 평가는 반드시 노동조건과 인간의 육체와 정신 건강, 그리고 지역 경제와 안전에 미치

는 영향에 대한 분석과 함께 이루어져야 합니다. 그렇게 하면 사람들은 발생 가능한 일들과 예기치 못한 부작용의 해결을 위한 추가 투자의 필요성을 고려하면서, 좀 더 현실적으로 경제적 결과를 예측할 수 있습니다. 다양한 관점과 해결책과 대안들을 제시할 수 있는 사회의 행위 주체들 간의 합의를 이끌어 내는 것이 늘 필요합니다. 토론에서 지역 주민들의 의견이 특별히 존중되어야 합니다. 그들은 자기 자신과 자녀들의 미래에 필요한 것에 대하여 고민하고, 즉각적 경제적 이익을 초월한 목적들을 생각해 낼 수 있습니다. 모든 관계자의 숙고와 토론을 통한 정책을 수립하려면 환경에 '개입' 한다는 생각을 버려야 합니다. 참여로 모든 사람이 다양한 측면과 여러 위험과 가능성에 대한 정보를 충분히 확보할 수 있어야 합니다. 또한 계획에 관하여 처음에 내린 결정에만 머물지 말고 통제나 지속적인 감시 활동도 여기에 포함시켜야 합니다. 과학적 정치적 토론에는 정직과 진실이 반드시 필요합니다. 이러한 토론이 특정 계획의 법적 허용 여부에 관한 것에만 머물러서는 안 됩니다.

184. 현재 또는 미래의 공동선에 영향을 미칠 수 있는 환경 위험의 요소가 나타나는 경우 모든 결정은 "여러 가지 가능한 대안들에서 예견되는 위험과 이득을 비교하여 결정을 내리는"[131] 것이 필요합니다. 이는 무엇보다 어떠한 계획이 천연자원의 소비 증가, 배출 가스 또는 폐기물의 증가, 쓰레기 증가, 경관이나 보호받아야 하는 생물종의 서식지 또는 공공장소에 커다란 변화를 초래할 수 있

---

131. 『간추린 사회 교리』, 469항.

는 경우에 특히 요구됩니다. 일부 계획들에 대하여 충분한 분석이 이루어지지 않으면, 예를 들어 예측하지 못한 소음 공해, 조망권 침해, 문화적 가치의 상실, 또는 핵에너지 사용의 영향과 같이 매우 다양한 문제들로 한 지역의 삶의 질이 심각한 영향을 받을 수 있습니다. 소비주의 문화는 단기적이고 사적 이익을 우선시하여 졸속 행정 처리나 정보 은폐의 관행을 조장할 수 있습니다.

185. 어떤 사업에 관한 모든 토론에서 그 사업이 참다운 통합 발전에 이바지할 것인지를 알려면 다음과 같은 질문들이 제기되어야 합니다. [사업의] 목적은? 이유는? 장소는? 시기는? 방식은? 수혜자는? 위험 요소는? 비용은? 비용 지불 주체와 방법은? 이러한 검토 과정에서 우선되어야 하는 사안이 있습니다. 예를 들어 우리는 물이 필수적이지만 부족한 자원이며, 다른 인권들의 행사의 조건이 되는 기본권이라는 것도 알고 있습니다. 이는 의심의 여지가 없는 것으로 특정 지역에 대한 모든 환경 영향 평가에 우선하는 것입니다.

186. 1992년의 '환경과 개발에 관한 리우 선언'에는 다음과 같이 나옵니다. "심각하거나 회복 불가능한 [환경] 피해의 우려가 있을 경우, 과학적으로 완전히 확실하지 않다는 핑계로 환경 악화 방지를 위한, 비용 효율이 높은 조치의 실행을 미루어서는 안 된다."[132] 이 예방 원칙은 스스로를 방어하고 명백한 증거들을 모으는 능력에 한계가 있는 가장 취약한 이들을 보호할 수 있도록 합니다. 객관적

---

132. '환경과 개발에 관한 리우 선언', 제15원칙.

정보를 통하여 돌이킬 수 없는 심각한 피해가 예측된다면, 명백한 증거가 없어도 모든 관련 계획은 중단되거나 수정되어야 합니다. 이는 입증의 책임을 바꾸어 놓습니다. 이러한 경우에는 어떤 계획이 환경과 그곳 주민에게 그 어떤 심각한 피해도 입히지 않는다는 객관적이고 결정적인 증거를 제출해야 하기 때문입니다.

187.　　이는 사람들의 삶의 질을 개선하는 모든 기술 혁신을 반대한다는 것을 의미하지 않습니다. 그러나 그 어떤 경우든 이윤이 유일한 판단 기준이 될 수 없으며, 정보가 추가되어 새로운 판단 요소가 나타나는 경우, 모든 관계자가 참여한 가운데 새로운 평가가 이루어져야 한다는 것을 의미합니다. 토론의 결과에 따라 관련 계획의 중단, 변경, 대안이 마련될 수 있습니다.

188.　　합의를 이끌어 내기가 어려운 환경 문제에 관련된 논의가 있습니다. 저는 교회가 과학적 문제를 해결하거나 정치를 대신하려는 것이 아니라는 것을 거듭 말씀드립니다. 그러나 저는 특정한 필요나 이념이 공동선을 손상시키지 않도록 솔직하고 투명한 토론으로 초대합니다.

Ⅳ. 인간의 충만함을 위한 정치와 경제의 대화

189.　　정치가 경제에 종속되어도 안 되며 경제가 효율 중심의 기술 지배 패러다임에 종속되어서도 안 됩니다. 공동선을 고려할 때 오늘날 정치와 경제는 반드시 서로 대화를 나누며 삶, 특히 인간의

삶에 봉사해야만 합니다. 제도 전체의 검토와 개혁을 위한 확고한 결의 없이, 모든 수단을 동원하여 은행을 구제하고 그 부담을 국민에게 전가하는 것은 금융의 절대적 지배를 재확인하는 것일 뿐입니다. 이러한 지배에서는 미래가 없고, 장기간에 걸쳐 많은 비용을 치른 피상적인 회복 이후 결국 새로운 위기가 닥칠 뿐입니다. 2007-2008년의 금융 위기는 윤리 원칙을 더 잘 존중하는 새로운 경제의 발전과 더불어 투기 금융 관행과 가상의 부에 대한 새로운 규제를 수립할 기회였습니다. 그렇지만 이 위기에 대응하면서 사람들은 여전히 세계를 지배하는 낡은 기준들을 재검토하는 데에는 이르지 못했습니다. 생산이 늘 합리적으로 이루어지는 것은 아니라서, 흔히 상품에 그 실제 가치에 일치하지 않는 가치를 부여하는 경제적 변수들이 작용됩니다. 이는 종종 특정 상품의 과잉 생산을 초래하고, 환경에 불필요한 피해를 입히며 지역 경제에 부정적 결과를 가져옵니다.[133] 또한 금융 거품은 일반적으로 생산 거품을 야기합니다. 결국 사람들이 실물 경제의 문제를 적극적으로 다루지 않지만, 실물 경제야말로 생산의 다각화와 증진을 촉진하고, 기업들이 그 역할을 잘할 수 있도록 해 주며, 중소기업의 발전과 일자리 창출을 가능하게 합니다.

190. 이러한 맥락에서 우리는 "환경 보호는 오로지 금전적인 손익 계산을 바탕으로 해서는 보장될 수 없고 환경은 시장의 힘으로

---

133. 멕시코 주교회의 사회 사목 위원회, '예수 그리스도, 토착민과 농민의 삶과 희망'(*Jesucristo, vida y esperanza de los indígenas y campesinos*), 2008. 1.14. 참조.

적절하게 보호하거나 증진시킬 수 없는 재화 가운데 하나"[134]라는 사실을 언제나 잊지 말아야 합니다. 다시 말씀드리지만, 기업이나 개인의 이윤 증대만으로 문제가 해결된다고 여기는 마술적 시장 개념을 거부해야 합니다. 이윤 극대화에만 집착하는 이들이 미래 세대에게 남겨 줄 환경의 영향에 대하여 차근차근 생각하기 바라는 것이 과연 현실적이겠습니까? 이윤만을 중요하게 여기는 틀 안에는 자연의 순환, 자연의 쇠퇴와 재생의 시기, 또는 인간의 개입으로 심각하게 변형될 수 있는 생태계의 복잡함에 대한 생각이 들어설 자리가 없습니다. 게다가 생물 다양성은 기껏해야 착취 가능한 경제적 자원의 창고로 여겨질 뿐이며, 사물들의 실제적 가치, 인간과 문화에 주는 의미, 가난한 이들의 관심과 필요에 대해서는 진지한 성찰이 이루어지지 않습니다.

191.　이러한 문제들을 제기하면, 진보와 인류 발전을 비이성적으로 저지하려 한다고 비난하는 반응을 보이는 이들이 있습니다. 그러나 우리는 생산과 소비의 속도를 줄이면 다른 형태의 진보와 발전을 이끌 수 있다는 확신을 가져야 합니다. 천연자원의 지속 가능한 이용을 증진시키려는 노력은 불필요한 비용을 발생시키는 것이 아니라 오히려 중기적으로 볼 때 또 다른 경제적 이익을 낳을 수 있는 투자가 됩니다. 시야를 넓혀서 보면 혁신적이고 환경에 덜 영향을 미치는 다양화된 생산 방식이 유익할 수 있음을 알게 될 것입니다. 이는 또 다른 가능성의 길을 여는 일이 됩니다. 인간의 창의성과 진보에 대한

134.『간추린 사회 교리』, 470항.

꿈을 억누르는 것이 아니라 오히려 그 힘을 새로운 길로 이끄는 것입니다.

192. 예를 들어, 좀 더 창의적이고 바람직한 생산 방식의 발전은, 현재 소비에 대한 기술 투자가 과도한 것에 견주어 인류가 직면한 시급한 문제의 해결을 위한 투자에는 소홀한 것 사이의 불균형을 바로잡을 수 있습니다. 여기에서 재사용, 개조, 재활용과 같은 현명하고 유익한 방식이 나올 수 있습니다. 또한 도시의 에너지 효율을 증진할 수 있습니다. 생산의 다각화는 인간 지성이 창작과 혁신을 할 수 있는 폭넓은 기회를 마련해 주는 동시에 환경을 보호하고 더 많은 일자리를 창출합니다. 이는 인간의 고귀함을 다시 피워 내는 창의력이 될 것입니다. 삶의 질이라는 더욱 폭넓은 의미에서, 지속 가능하고 공정한 발전 방식을 찾으려는 용기와 책임을 발휘하며 지성을 발휘하는 것이 더 고귀하기 때문입니다. 반대로 새로운 소비 기회와 즉각적인 이윤만을 위하여 자연을 훼손하는 새로운 방법을 만들어 내는 것은 존엄과 창의력이 모자라는 천박한 일입니다.

193. 일부 경우에 지속 가능한 발전이 새로운 형태의 성장을 가져오지만, 또 다른 경우에는 수십 년 동안 이어져 온 탐욕스럽고 무책임한 성장을 놓고 볼 때, 우리가 속도를 어느 정도 줄여 합리적 한계를 설정하고, 더 나아가 너무 늦기 전에 되돌아가는 것도 잘 생각해 보아야 합니다. 다른 사람들이 인간 존엄에 맞갖은 삶을 살 수 없는데도, 소비와 파괴를 더욱 늘리는 사람들의 행태는 옹호될

수 없다는 것을 우리는 알고 있습니다. 그러한 까닭에 이제 세계의 일부 지역이 불경기를 어느 정도 감수하면서 다른 지역이 건전하게 성장하도록 지원해야 할 시점에 이르렀습니다. 베네딕토 16세 교황께서는 "기술적으로 발전한 사회들이 에너지 소비를 줄이고 에너지 효율을 높여 좀 더 검소한 생활 방식을 실천할 자세가 되어 있어야 한다."[135]고 말씀하셨습니다.

194. 새로운 발전 모델이 나올 수 있도록 우리는 "세계적인 개발 모델"[136]을 바꾸어야 합니다. 이는 "경제의 의미와 경제 목표를 고찰하여 그 역기능과 오용을 바로잡는 것"[137]에 대한 책임 있는 성찰을 의미합니다. 일종의 타협책으로 자연 보호와 경제적 수익의 균형, 또는 환경 보존과 발전의 균형을 맞추는 것으로는 충분하지 않습니다. 이러한 주제에 관하여 적당히 타협하게 되면 단지 불가피한 재앙이 조금 늦추어질 뿐입니다. 간단히 말해서 발전의 개념을 새로 정의하는 것이 필요합니다. 더 나은 세상과 전체적으로 더 높은 삶의 질을 이루어 내지 못하는 기술과 경제 개발은 발전으로 볼 수 없습니다. 경제가 성장해도 종종 인간 삶의 질이 실제로 떨어지기도 합니다. 환경이 악화되고 식품의 품질이 떨어지며 일부 자원이 고갈되기 때문입니다. 이러한 상황에서 지속 가능한 성장에 대한 논의는 흔히 주의를 다른 곳으로 돌리고 자기 합리화를 하려는 수단이 되고 맙니다. 이는 생태에 관한 담론의 가치를 금융과 기술

---

135. 베네딕토 16세, 2010년 세계 평화의 날 담화, 9항.
136. 베네딕토 16세, 2010년 세계 평화의 날 담화, 9항.
137. 베네딕토 16세, 2010년 세계 평화의 날 담화, 5항.

지배주의의 논리에 흡수시키고, 기업의 사회와 환경에 대한 책임은 흔히 일련의 마케팅과 이미지 관리의 활동으로 축소됩니다.

195.　　이윤 극대화의 원칙은 다른 모든 시각을 외면하며 경제 개념을 왜곡합니다. 이는 생산이 늘기만 한다면 미래 자원이나 환경의 건강을 희생시키는 것도 개의치 않습니다. 벌채로 생산이 늘기만 한다면 한 지역의 사막화, 생물 다양성의 훼손, 오염의 증가로 발생하는 손실은 그 누구도 생각하지 않습니다. 다시 말해 기업들은 비용의 극히 일부만을 계산하여 지불하며 수익을 냅니다. "공동의 환경 자원을 이용하는 데에 드는 경제적 사회적 비용을 다른 민족이나 미래 세대가 아니라 그 이용자가 온전히 부담하고 투명하게 공개하도록"[138] 할 때에만 윤리적 행위라고 볼 수 있습니다. 시장이 또는 계획 경제를 추진하는 국가가 자원을 배분할 때에 현재의 필요를 위한 정태적 현실 분석만을 제공하는 도구적 이성이 개입됩니다.

196.　　정치와 관련하여 무슨 일이 벌어지고 있습니까? 보조성의 원리를 되새겨 봅시다. 이는 사회의 모든 분야에 존재하는 능력을 발전시키는 자유를 보장하면서 또한 더 많은 권력을 지닌 이들이 공동선을 위하여 더 큰 책임을 지도록 하는 것입니다. 오늘날 일부 경제 부문이 국가보다 더 많은 권력을 행사하고 있는 것이 사실입니다. 그러나 정치가 결여된 경제는 현재 위기의 다양한 측면들에

138.「진리 안의 사랑」, 50항.

대처할 수 있는 다른 논리를 지지하지 못할 것이기에, 정당화될 수 없습니다. 환경에 대한 참된 배려가 없는 논리는 사회의 가장 취약한 이들의 통합에 대한 관심이 없는 논리입니다. "오늘날 '성공'과 '자립'의 모델에서는 뒤처진 이들이나 힘없는 이들, 능력이 모자란 이들을 돕고자 투자하는 것이 아무런 의미도 없어 보이기"[139] 때문입니다.

197.   우리는 폭넓은 시각으로 위기의 다양한 측면들에 대하여 학제적인 대화를 포함한 새로운 통합적 접근을 하는 정치가 필요합니다. 흔히 올바른 공공 정책의 부재와 부패에서 비롯된 정치에 대한 불신은 정치 자체가 책임져야 합니다. 한 지역 국가가 본분을 다하지 못하면 일부 기업 집단이 후원자를 자처하며 실질적 권력을 행사하고, 자신들은 특정한 규정들을 지키지 않아도 된다고 여기게 됩니다. 그래서 조직범죄, 인신매매, 마약 매매, 폭력과 같은 근절시키기 어려운 모든 형태의 범죄들을 일으키는 데에 이릅니다. 정치가 왜곡된 논리를 깨어 버릴 수 없고, 구차한 변명으로 일관한다면, 우리는 계속해서 인류의 주요한 문제들을 해결하지 못하게 될 것입니다. 참다운 변화를 위한 전략에는 전체 과정에 대한 재검토가 필요합니다. 현대 문화의 뿌리에 놓여 있는 논리를 문제 삼지 않고 몇몇 피상적인 생태적 고려 사항만 다루는 것으로는 충분하지 않습니다. 건전한 정치는 이러한 문제에 맞설 수 있어야 합니다.

---

139. 「복음의 기쁨」, 209항.

198. 정치와 경제는 빈곤과 환경 훼손에 대해서 서로에게 책임을 전가하려고 합니다. 그러나 우리는 정치와 경제가 자신의 잘못을 깨닫고 공동선을 지향하는 상호 작용의 방법을 찾기를 바랍니다. 한쪽은 경제적 수익만을 추구하고 다른 한쪽은 권력의 유지나 확대에만 집착한다면 결국 남은 것은 전쟁이든지 아니면 환경 보호와 가장 취약한 이들을 돌보는 일에는 전혀 관심을 쏟지 않고 정치와 경제 양자가 맺는 불순한 협약입니다. 여기서도 "일치는 갈등보다 우월하다."[140]라는 것이 사실입니다.

V. 과학과 종교의 대화

199. 경험 과학이 생명, 모든 피조물의 상호 작용과 실재 전체를 완벽하게 설명해 준다고 주장할 수는 없습니다. 그렇게 주장한다면 부적절하게도 경험 과학의 방법론적 한계를 넘어서는 일이 될 것입니다. 우리가 이러한 제한적인 틀 안에서만 성찰하게 되면 미적 감각, 시, 심지어 사물의 의미와 목적을 파악하는 이성의 능력도 사라지게 됩니다.[141] 저는 다음과 같은 사실을 강조하고 싶습니

---

140. 「복음의 기쁨」, 228항.
141. 프란치스코, 회칙 「신앙의 빛」(*Lumen Fidei*), 2013.6.29., 34항, 한국천주교 중앙협의회, 2014(제1판 4쇄), *AAS* 105(2013), 577면 참조: "다른 한편, 사랑의 진리에 결합된 신앙의 빛은 물질세계와 이질적인 것이 아닙니다. 왜냐하면 사랑은 언제나 몸과 정신으로 실천되는 것이기 때문입니다. 신앙의 빛은 예수님의 빛의 삶에서 나오는 육화된 빛입니다. 그 빛은 물질을 비추며, 물질의 고유한 질서를 신뢰하고 그것이 날로 확장되는 조화와 이해의 길을 열어 준다는 것을 압니다. 따라서 과학의 시각은 신앙으로부터 도움을 받습니다. 신앙은 과학자들이 실재의 고갈될 수 없는 모든 부 안에서 실재에

다. "종교적 고전들이 모든 시대에 중요한 의미가 있습니다. 이러한 저술들은 새로운 지평을 엽니다. …… 오로지 특정 저술들이 종교적 신념의 맥락에서 생겨났다는 이유만으로 이를 어둠 속에 폐기시키는 것이 합리적이고 현명한 일입니까?"[142] 사실 윤리 원칙들이 모든 현실 상황을 벗어나 순전히 추상적으로 성립한다는 생각은 너무나 단순합니다. 윤리 원칙들이 종교적 언어로 표현된다고 해서 공개 토론에서 그 가치가 줄어들지 않습니다. 이성이 파악할 수 있는 윤리 원칙들은 언제든 다른 모습으로 나타날 수 있고 종교적 언어를 포함하여 다양한 언어로 표현될 수 있습니다.

200. 다른 한편으로, 인류가 길을 벗어난다면, 곧 공동생활, 희생, 선을 가능하게 해 주는 위대한 동기들을 망각한다면, 과학이 내세우는 모든 기술적 해결책은 세계의 심각한 문제들의 해결에 아무런 힘을 발휘하지 못할 것입니다. 어찌 되었든, 믿는 이들이 자신의 신앙과 일치된 삶을 살면서 신앙에 모순되는 행동을 하지 말도록 촉구해야 합니다. 이들이 하느님의 은총에 마음을 다시 활짝 열고 사랑과 정의와 평화에 대한 자신의 깊은 신념에서 힘을 얻도록 권유해야 합니다. 우리의 원칙들을 잘못 이해하여 종종 자연을 착취하거나 피조물에 대한 인간의 횡포, 또는 전쟁과 불의와 폭력

늘 열려 있도록 격려합니다. 신앙은 과학적 연구가 몇 가지 공식으로 만족하는 것을 막음으로써 비판적인 감각을 일깨워 주고, 자연이 언제나 더욱 더 큰 실재임을 깨닫게 해 줍니다. 창조의 신비 앞에서 경이감을 갖게 함으로써 신앙은 이성의 지평을 더욱 넓혀 줍니다. 이는 과학적 탐구에 개방되어 있는 세상에 더 큰 빛을 비추기 위함입니다."
142. 「복음의 기쁨」, 256항 참조.

을 정당화해 왔다면, 우리 믿는 이들은 이러한 행동이 우리가 보호하고 지켜야 하는 지혜의 보고에 충실하지 못한 것이라는 사실을 인정해야 합니다. 종종 문화적 한계는 시대마다 그 시대의 윤리적 정신적 유산에 대한 인식에 영향을 미쳤습니다. 그러나 종교가 오늘날 요구에 더욱더 잘 응답하려면 바로 그 근원으로 돌아가야 합니다.

201. 이 행성에 거주하는 대부분의 사람들은 자신을 신앙인이라고 고백합니다. 이 사실이 자연 보호, 가난한 이들의 보호, 존중과 형제애의 관계망 구축을 목적으로 하는 대화를 서로 나누는 계기가 되어야 합니다. 학문들 사이의 대화도 역시 시급합니다. 각각의 학문은 자기 언어의 한계 안에 갇혀 있고는 하기 때문입니다. 또한 전문화는 고립과 개별 지식의 절대화를 낳는 경향이 있습니다. 이는 환경 문제를 적절히 다루는 것에 방해가 됩니다. 또한 서로 이념 투쟁도 하는 여러 생태 운동들 사이의 공개적이고 우호적인 대화도 필요합니다. 생태 위기의 심각성은 우리 모두 공동선을 생각하고 언제나 "실재가 생각보다 더 중요하다."[143] 는 원칙을 기억하며 인내와 절제와 관용을 필요로 하는 대화의 길로 나아갈 것을 요청합니다.

---

143. 「복음의 기쁨」, 231항.

제6장
생태 교육과 영성

202. 많은 것의 나아갈 방향을 재정립할 필요가 있지만 무엇보다도 인류 자신이 변화되어야 합니다. 우리는 인류가 공통된 기원을 지니고 있고 서로에게 속해 있으며 미래를 함께한다는 인식이 부족합니다. 이러한 기본적 인식이 있어야 새로운 신념, 자세, 생활 양식을 이끌어 낼 수 있을 것입니다. 그래서 우리는 긴 쇄신의 여정이 필요한 커다란 문화적, 정신적, 교육적 도전에 직면하게 되는 것입니다.

I. 새로운 생활 양식을 향하여

203. 시장이 상품 판매를 위하여 강박적 소비주의를 촉진하는 경향이 있기에, 사람들은 과잉 구매와 불필요한 지출의 소용돌이에 빠지기 쉽습니다. 집착적 소비주의는 기술-경제 패러다임이 개인들에게 어떻게 영향을 끼치는지를 보여 주는 사례입니다. 과르디

니가 이미 지적한 대로 그러한 일이 일어났습니다. 사람들은 "합리화된 계획과 기계로 만든 규격화된 상품이 강요하는 대로 생활용품을 구매하고 삶의 양식을 받아들입니다. 사람들은 대체로 그것이 현명하고 옳은 것이라고 느껴서 그렇게 하는 것입니다."[144] 이러한 패러다임은 모든 사람이 이른바 소비의 자유를 누리는 한 자신이 자유롭다고 믿게 만듭니다. 그러나 현실에서 자유를 누리는 이는 경제적 금전적 힘을 휘두르는 소수에 지나지 않습니다. 이러한 혼란 속에서, 탈근대 세계의 인류는 아직 자신이 나아갈 방향을 정립할 수 있을 만한 새로운 자의식을 갖추지 못하여, 그러한 정체성의 결여를 불안으로 여기게 된 것입니다. 우리는 보잘것없고 헛된 목적을 위한 수단들을 지나치게 많이 가지고 있습니다.

204. 현대 세계의 상황이 "야기하는 불안과 위기의식은 집단 이기심의 …… 온상이 되고 있습니다."[145] 사람들이 자기중심적이고 자기의식 안에 머물 때 탐욕이 커지기 마련입니다. 마음이 공허할수록, 사람들은 구매하고 소유하고 소비할 대상을 더욱 필요로 합니다. 이러한 상황에서는 그 누구라도 현실의 한계를 받아들이기란 불가능해 보입니다. 이러한 관점에서는 참다운 공동선조차도 존재하지 않습니다. 이러한 태도가 한 사회 안에 만연할수록, 사회 규범들은 개인 욕구와 상충되지 않는 범위 안에서만 존중됩니다. 따라서 우리는 엄청난 기상 이변이나 커다란 자연재해의 위협에만 관심을 기울일 것이 아니라, 사회 위기에서 비롯되는 참사에 대해서도 생각해야만 합

---

144. 『근대의 종말』, 66-67면.
145. 요한 바오로 2세, 1990년 세계 평화의 날 담화, 1항.

니다. 소비 지향적 생활 양식에 대한 집착은, 특히 소수의 사람만이 이를 감당할 수 있을 때, 폭력과 상호 파괴만을 가져올 뿐입니다.

205. 그러나 아직 모든 것을 잃지는 않았습니다. 인간은 최악의 것을 자행할 수 있지만, 또한 자신을 억압하는 모든 정신적 사회적 제약을 극복하여 자신에게서 벗어나 다시 선을 선택하며 새롭게 시작할 수 있기 때문입니다. 우리는 자신을 솔직하게 살펴보고, 강력하게 불만을 제기하고, 참자유를 향한 새로운 길에 나설 수 있습니다. 그 어떠한 체제도, 진선미에 대한 우리의 열린 마음, 곧 하느님께서 당신의 은총에 응답하도록 우리 마음 깊은 곳에 심어 주신 그 능력을 완전히 억누를 수는 없습니다. 저는 이 세상 모든 이에게 자신의 존엄을 잊지 말도록 호소합니다. 아무도 이 존엄을 빼앗을 권리가 없습니다.

206. 생활 양식을 바꾸면 정치적, 경제적, 사회적 힘을 발휘하고 있는 이들에게 건전한 압력을 행사할 수 있을 것입니다. 이것은 소비자 운동이 특정 상품들을 불매하여, 기업들이 환경에 끼칠 영향과 생산 모형을 재고하도록 압력을 행사함으로써 기업의 행태를 바꾸는 효과를 발휘할 때에 이루어집니다. 실제로 사회적 압력이 기업의 이윤에 손실을 입히면 기업들은 생산 방식을 바꾸지 않을 수 없습니다. 이는 소비자의 사회적 책임을 일깨워 줍니다. "구매는 단순히 경제적인 행위가 아니라 언제나 도덕적인 행위입니다."[146] 그러

---

146. 「진리 안의 사랑」, 66항.

므로 오늘날 "환경 훼손의 문제는 우리의 생활 양식을 반성하도록 촉구하고 있습니다."[147]

207. 「지구 헌장」에서는 우리 모두에게 자기 파괴의 단계를 벗어나 새 출발을 하도록 권유합니다. 그러나 우리는 아직 이를 달성하는 데에 필요한 보편 의식을 발전시키지 못해 왔습니다. 그래서 저는 다음과 같은 과감한 도전을 새롭게 제안합니다. "역사적으로 유례없는 공동 운명이 우리에게 새로운 시작의 추구를 요청합니다. …… 우리 시대가 생명에 대한 새로운 경외를 일깨우고 지속 가능성을 이룩하려는 확고한 결심을 하며, 정의와 평화를 위하여 투쟁하고 삶의 흥겨운 축제를 위하여 노력한 때로 기억되도록 합시다."[148]

208. 우리는 언제나 자신에게서 벗어나 타자를 향할 수 있는 능력을 다시 키울 수 있습니다. 이러한 능력이 없으면, 우리는 다른 피조물들의 본질적 가치를 깨닫지 못하고, 다른 이들을 위한 배려에 무관심하며, 우리 주변의 고통이나 환경 악화를 막으려는 절제를 하지 못합니다. 모든 형태의 자기중심성과 자아도취를 거부하는 자기 초월의 근본 자세는 다른 사람들과 환경에 대한 모든 관심의 바탕이 됩니다. 이러한 자세는 또한 우리를 둘러싼 세상에 대한 모든 행동과 모든 개인적 결정의 영향을 고려해야 하는 도덕적 반응을 일으킵니다. 개인주의를 극복할 수 있을 때, 우리는 대안적 생활

---

147. 베네딕토 16세, 2010년 세계 평화의 날 담화, 11항.
148. 국제 연합, 「지구 헌장」(*Earth Charter*), 헤이그, 2000.6.29.

양식을 효과적으로 발전시킬 수 있고 사회에 중요한 변화를 불러일
으킬 수 있을 것입니다.

II. 인류와 환경 사이의 계약에 대하여 교육하기

209. 오늘날 문화와 생태 위기의 심각성에 대한 인식은 새로운
습관으로 이어져야 합니다. 현재의 발전 그리고 오로지 물질과 쾌
락에 탐닉하는 것이 인간 마음에 의미나 기쁨을 주기에는 충분하
지 않다는 것을 많은 사람들이 알고는 있지만, 시장이 그들에게 제
공하는 것을 포기할 수는 없다고 여깁니다. 소비 습관에 커다란 변
화가 필요한 국가들에서, 젊은이들은 새로운 생태 감각과 관용의
정신을 지니며, 그들 가운데 일부는 환경 보호를 위하여 훌륭히 싸
우고 있습니다. 그러나 그들은 다른 습관들이 자라나기 힘든 지나
치게 많은 소비와 풍요로운 상황 안에서 자랐습니다. 그래서 우리
는 교육적 도전에 직면하게 된 것입니다.

210. 환경 교육의 목표가 점차 확대되었습니다. 환경 교육이 초
기에는 학문적 정보, 환경 위기에 대한 인식 고취와 예방에 중점을
두었다면, 이제는 도구적 이성에 근거한 근대성의 '신화', 곧 개인주
의, 무한한 진보, 경쟁, 소비주의, 규제 없는 시장에 대한 비판을 포
함하는 경향이 있습니다. 또 다양한 차원의 생태적 균형 회복을 추
구합니다. 곧 내적인 차원에서는 우리 자신과, 연대의 차원에서는
다른 이들과, 자연의 차원에서는 모든 살아 있는 것과, 영적으로는
하느님과 조화를 이루는 것입니다. 환경 교육은 신비이신 분을 향

한 도약을 이루도록 해 주어야 합니다. 신비이신 분께서는 생태 윤리에 가장 깊은 의미를 주십니다. 한편, 생태 윤리 교육 과정을 재정립할 역량이 있는 교육자들도 있습니다. 그들은 사람들이 연대와 책임을, 그리고 함께 아파하는 마음에 바탕을 둔 배려를 길러 나가도록 효과적으로 도와줄 수 있습니다.

211. 　그러나 '생태 시민 의식'의 형성을 목표로 하는 이러한 교육은 종종 정보 제공에만 머물러 습관의 형성에 이르지 못합니다. 법률과 규범이 존재하고 심지어 효과적인 감독이 이루어진다고 하더라도 장기적으로는 그릇된 행위를 규제하기에 불충분합니다. 법규범이 의미 있는 지속적 효과를 거두려면, 사회 구성원 대다수가 적절한 동기 부여로 이를 받아들여 개인적인 변화를 이루도록 해야 합니다. 확고한 덕을 기르는 것에서 시작할 때에 비로소 사람들이 생태적 사명에 헌신할 수 있습니다. 경제적 여유가 있어서 더 많이 소비하고 지출할 수 있어도 난방을 하는 대신에 습관적으로 옷을 더 껴입는 사람은 환경 보호를 위한 신념과 태도를 보여 주는 것입니다. 작은 일상적 행동으로 피조물 보호의 임무를 수행하는 것은 참으로 고결한 일입니다. 교육이 생활 양식의 참다운 변화를 가져올 수 있다는 사실은 놀랍습니다. 환경에 대한 책임 교육은 환경 보호에 직접적이고 중요한 영향을 주는 다양한 행동을 고무할 수 있습니다. 예를 들어, 플라스틱이나 종이의 사용을 삼가고, 물 사용을 줄이고, 쓰레기 분리수거를 하고, 적당히 먹을 만큼만 요리하고, 생명체를 사랑으로 돌보며, 대중교통을 이용하거나 승용차 함께 타기를 실천하고, 나무를 심고, 불필요한 전등을 끄는 것입니다.

이 모든 것이 인간 최상의 면모를 보여 주는 관대하고 품위 있는 창의력에 속하는 것입니다. 뜻깊은 동기에서, 물건을 쉽게 내버리지 않고 재활용하는 것은 우리 자신의 존엄을 표현하는 사랑의 행위가 될 수 있습니다.

212. 이러한 노력으로 세상을 바꿀 수 없다고 생각하지 말아야 합니다. 이러한 행동은 사회에 선을 퍼뜨려 우리가 가늠할 수 있는 것보다 훨씬 더 많은 결실을 가져옵니다. 이러한 행동은, 때로 눈에 잘 뜨이지 않지만 늘 확산되는 경향이 있는 선을 이 세상에 불러일으키기 때문입니다. 더 나아가, 그러한 행동의 실천으로 우리는 자존감을 회복할 수 있게 됩니다. 또한 우리 삶의 깊이를 더하고 이 세상이 살 만한 곳이라는 사실을 체험하게 해 줍니다.

213. 교육은 학교, 가정, 커뮤니케이션 매체, 교리 교육과 같은 다양한 영역에서 이루어질 수 있습니다. 어릴 때에 좋은 학교 교육이 이루어지면 씨가 뿌려져 평생 그 효과를 거두게 됩니다. 그럼에도 저는 여기에서 가정의 커다란 중요성을 강조하고자 합니다. 가정은 "하느님의 선물인 생명을 적합하게 받아들일 수 있고, 당면한 많은 침해로부터 보호를 받을 수 있고, 진정한 인간 성장이 요구하듯이 발달할 수 있는 장소"이기 때문입니다. "가정은 죽음의 문화라고 불리는 것에 반대하여 생명 문화의 중심을 이룹니다."[149] 가정에서 우리는 생명을 사랑하고 돌보는 습관을 처음 기르게 됩니다. 예를 들어, 사물

---

149. 「백주년」, 39항.

의 올바른 사용, 질서, 청결, 지역 생태계 존중, 모든 피조물 보호를 배웁니다. 가정은 서로 밀접하게 연결된 다양한 측면의 인격 성숙이 이루어지는 온전한 교육의 자리입니다. 가정에서 우리는 겸손하게 부탁하고, 우리가 받은 것에 대하여 진심으로 감사하는 마음을 나타내어 "감사합니다." 하고 말하는 법을 배웁니다. 또한 공격성이나 욕심을 통제하며, 해를 끼쳤을 때 용서를 청하는 법을 배웁니다. 이러한 진심 어린 작은 친절한 행동이 더불어 사는 문화와 우리 주변을 존중하는 문화의 건설에 도움이 됩니다.

214. 정치와 여러 사회단체들도 양심의 형성을 위한 노력을 기울여야 합니다. 교회도 마찬가지입니다. 모든 그리스도인 공동체는 이러한 교육에서 중요한 역할을 맡고 있습니다. 저는 또한 우리의 신학교와 수도회의 교육 기관에서 사람들이 책임 있는 소박한 삶을 살고, 감사하는 눈으로 세상을 바라보며, 가난한 이들과 환경의 취약함을 배려하는 교육이 이루어지기를 바랍니다. 우리는 중대한 위험에 놓여 있기에, 환경 훼손을 제재할 권력 기관도 필요하지만 우리 스스로 절제하고 서로 가르치는 것도 필요합니다.

215. 이러한 맥락에서, "훌륭한 미적 교육과 건강한 환경 유지 사이의 관계는 결코 간과될 수 없습니다."[150] 아름다움에 대한 관심과 사랑은 우리가 공리적인 실용주의에서 벗어나도록 해 줍니다. 아름다운 것을 경탄하며 음미하는 법을 배우지 못하면 우리에게 모든

---

150. 요한 바오로 2세, 1990년 세계 평화의 날 담화, 14항.

것이 멋대로 사용하고 착취할 대상으로 변질되어 버린다는 사실은 당연합니다. 동시에, 우리가 근본적인 변화를 바란다면, 사고방식이 우리 행동에 실제로 영향을 미친다는 것을 깨달을 필요가 있습니다. 우리가 인간, 생명, 사회, 인간과 자연의 관계에 관한 새로운 사고방식을 촉진하려는 노력을 기울이지 않으면, 우리의 교육적 노력은 부족하고 효과를 거두지 못할 것입니다. 그러한 노력이 없다면 대중 매체와 강력한 시장 활동의 부추김으로 소비주의 패러다임이 계속해서 거세질 것입니다.

Ⅲ. 생태적 회개

216.　　그리스도교 영성의 풍요로운 유산은 이천 년에 걸친 개인과 공동체 체험의 결실로 인류를 쇄신하려는 노력에 값진 도움이 될 수 있습니다. 저는 그리스도인들에게 우리 신앙의 확신에서 솟아나는 생태 영성에 관한 몇 가지 제안을 하고 싶습니다. 복음의 가르침은 우리가 생각하고 느끼고 살아가는 방식에 직접적 영향을 주기 때문입니다. 여기에서는 관념에 대하여 말하는 것보다, 더욱 열정적으로 세상을 돌보도록 영성이 불어넣어 주는 동기 부여에 대하여 말하는 것이 무엇보다도 중요합니다. 사실 우리에게 힘을 주는 신비 없이, 곧 "우리의 개인적 공동체적 활동에 자극과 동기와 용기와 의미를 주는 어떤 내적인 힘"[151] 없이, 오로지 교리만 가지고 이 위대한 일에 투신하기는 불가능할 것입니다. 우리 그리스도인들이

---

151. 「복음의 기쁨」, 261항.

하느님께서 교회에 주신 보화를 언제나 받아들여 증진시켜 온 것은 아니라는 사실을 인정해야 합니다. 교회 안에서 영성은 육체나 자연, 또는 세상의 실재에서 분리되지 않고, 오히려 우리를 둘러싼 모든 것과 일치를 이루며 그 안에서 그와 더불어 살아가는 것입니다.

217. "내적인 광야가 엄청나게 넓어져서 세계의 외적인 광야가 점점 더 늘어가고 있습니다."[152] 이러한 까닭에 생태 위기는 깊은 내적 회개를 요청합니다. 그러나 신심이 깊고 기도하는 그리스도인들 가운데 일부는 현실주의와 실용주의를 내세워 환경에 대한 관심을 우습게 여기고 있음도 인정해야 합니다. 또 일부는 수동적이어서 자신의 습관을 바꾸려는 결심을 하지 않고 일관성도 없습니다. 따라서 이들 모두에게 필요한 것이 생태적 회개입니다. 이는 예수님과의 만남의 결실이 그들을 둘러싼 세상과의 관계에서 온전히 드러나도록 하는 것을 의미합니다. 하느님 작품을 지키는 이들로서 우리의 소명을 실천하는 것이 성덕 생활의 핵심이 됩니다. 이는 그리스도인 체험에서 선택적이거나 부차적인 측면이 아닙니다.

218. 우리는 아시시의 프란치스코 성인의 모범을 기억하며 피조물과 맺는 건전한 관계가 인간의 온전한 회개의 한 차원이라는 것을 깨닫게 됩니다. 이는 또한 자신의 잘못이나 죄, 악습, 태만의 인정, 그리고 참된 회개와 내적 변화를 요청합니다. 호주 주교들은 피조물들과의 화해라는 의미에서 회개를 다음과 같이 말하였습니다. "이러한

---

152. 베네딕토 16세, 즉위 미사 강론, 2005.4.24., *AAS* 97(2005), 710면.

화해를 이루려면 우리의 삶을 성찰하며 우리의 행위와 방관으로 어떻게 우리가 하느님의 피조물에 해를 끼쳐 왔는지 깨달아야 합니다. 우리는 회개, 곧 마음을 바꾸는 경험이 필요합니다."[153]

219. 그러나 개인이 더 좋은 사람이 되는 것만으로는 현대 세계가 직면한 매우 복잡한 상황의 해결에 충분하지 않습니다. 개인은 도구적 이성의 논리를 극복할 수 있는 능력과 자유를 상실하여 결국 윤리 없이 그리고 사회와 환경에 대한 인식 없이 소비주의에 굴복하게 됩니다. 사회 문제들은 단순히 개인적 선행의 총합이 아니라 공동체의 협력망을 통하여 해결해야 합니다. 이 임무는 "인간에게 엄청난 과제이기에 개인적 노력이나 개인주의적으로 자란 인간들이 연합하여 노력을 기울여도 완수할 수 없습니다. 여기에는 결집된 힘과 일치된 노력이 필요합니다."[154] 지속적인 변화를 이루는 데에 필요한 생태적 회개는 공동체의 회개이기도 합니다.

220. 이러한 회개에는 여러 가지 태도가 필요한데, 이러한 태도들이 서로 어우러져 관대하고 부드러움이 넘치는 돌봄의 정신을 촉진하는 것입니다. 먼저 감사와 무상성의 태도가 있습니다. 다시 말해서 하느님께서 세상을 사랑으로 선물하셨음을 인식하는 것입니다. 이러한 인식이, 아무도 보지 않고 인정하지 않더라도 거저 주는 희생의 태도와 관대한 행위를 일으킵니다. "오른손이 하는 일을 왼손이 모르

---

153. 호주 주교회의, '새로운 지구, 환경적 도전'(*A New Earth - The Environmental Challenge*), 2002.
154. 『근대의 종말』, 72면.

게 하여라. …… 그러면 숨은 일도 보시는 네 아버지께서 너에게 갚아 주실 것이다"(마태 6,3-4). 또한 이러한 회개는 우리가 다른 피조물들과 분리되어 있지 않고 우주의 다른 존재들과 더불어 커다란 우주적 친교를 이루고 있다는 사랑에 넘치는 인식을 포함합니다. 우리 신앙인들은 세상을 밖에서가 아니라 안에서 바라보면서, 하느님 아버지께서 우리를 모든 존재와 결합시켜 주신 유대를 깨닫습니다. 생태적 회개는 하느님께서 우리 저마다에게 주신 고유한 능력을 증진시켜 창의력과 열정을 북돋아 주어, 세상의 문제들을 해결하고 하느님께 자신을 "하느님 마음에 드는 거룩한 산 제물"(로마 12,1)로 봉헌할수 있도록 합니다. 인간은 자신의 탁월함을 개인적 영광이나 무책임한 지배의 근거로 이해하는 것이 아니라, 오히려 신앙에서 비롯된 막중한 책임감을 부여하는 특별한 능력으로 이해합니다.

221.   이 회칙의 서두에서 제시한 우리 신앙에 대한 여러 확신들이 그러한 회개의 의미를 풍부하게 해 줍니다. 여기에는 모든 피조물이 하느님의 모습을 어느 모로 반영하며 우리를 가르치는 메시지를 담고 있다는 인식이 있습니다. 또는 그리스도께서 이 물질세계에 몸소 오시고 이제 부활하시어 모든 존재의 내면에 현존하시며 사랑으로 감싸 주시고 당신 빛으로 밝혀 주신다는 확신이 포함됩니다. 또한 하느님께서 세상을 창조하시며 그 안에 인간이 무시하지 말아야 하는 질서와 역동성을 새겨 주셨다는 인식도 여기에 포함됩니다. 복음에서 예수님께서 참새들에 대하여 "그 가운데 한 마리도 하느님께서 잊지 않으신다."(루카 12,6)라고 하신 말씀을 읽고서도, 새들을 소홀히 대하거나 해칠 수 있습니까? 저는 모든 그리스

도인이 회개의 이 차원을 분명히 드러내어, 우리가 받은 은총의 힘과 빛이 다른 피조물과 우리를 둘러싼 세상과 맺는 관계에서도 펼쳐지기를 바랍니다. 이렇게 하여 우리는 아시시의 프란치스코 성인이 그토록 훌륭하게 실천한 모든 피조물과 이루는 숭고한 형제애의 증진에 이바지할 것입니다.

Ⅳ. 기쁨과 평화

222.　　그리스도교 영성은 삶의 질을 이해하는 다른 방식을 제안하고, 소비에 집착하지 않고 깊은 기쁨을 누릴 수 있는 예언적이고 관상적인 생활 방식을 독려합니다. 우리는 성경을 포함하여 다양한 종교 전통들 안에 담겨 있는 오래된 가르침을 받아들일 필요가 있습니다. 곧 "적은 것이 많은 것이다."라는 확신입니다. 소비의 기회가 끊임없이 생겨나 분심이 들고 모든 것과 모든 순간을 소중히 여기지 못하게 됩니다. 이와는 반대로 아무리 사소한 것이라도 모든 실재 앞에서 차분히 머무르는 행위는 우리 이해의 폭을 넓히고 인간의 실현에 이르는 더 많은 가능성을 열어 줍니다. 그리스도교 영성은 절제를 통하여 성숙해지고 적은 것으로도 행복해지는 능력을 제안합니다. 이는 바로 검소함으로 되돌아가는 것입니다. 이러한 검소함은 우리가 작은 것들의 진가를 차근차근 알아볼 수 있게 하고, 삶이 우리에게 주는 기회들에 감사하면서 내 것에 집착하지 않고 가지지 못한 것에 대하여 탄식하지도 않게 합니다. 여기에서는 지배의 논리를 피하고 단순히 쾌락을 쌓는 일을 삼가는 것이 필요합니다.

223. 어디에도 얽매이지 않고 의식적으로 실천하는 절제는 우리를 해방시킵니다. 이는 부족한 삶도 아니고 열정이 없는 삶도 아닙니다. 오히려 정반대입니다. 사실 순간순간을 더 잘 즐기며 사는 이들은 가지지 못한 것을 계속 찾아 여기저기를 기웃거리지 않습니다. 또한 이들은 모든 사람과 사물을 소중히 여기는 것의 의미를 체험하고 가장 단순한 현실에 익숙해져 이를 즐길 줄 아는 사람들입니다. 이러한 방식으로 이들은 충족되지 못한 욕구를 떨쳐버려 덜 피곤하고 고민도 덜게 됩니다. 가진 것이 없어도 행복하게 살 수 있습니다. 특히 다른 것에서 즐거움을 찾고 형제적 만남, 봉사, 능력 개발, 음악과 미술, 자연과의 만남, 기도 안에서 만족할 때 그러합니다. 행복하려면 우리를 마비시키는 특정한 욕구들을 억제하는 법을 알고, 삶이 주는 많은 다른 가능성들에 마음을 열어야 합니다.

224. 지난 세기에는 절제와 겸손이 긍정적으로 여겨지지 않았습니다. 그러나 개인 생활과 사회생활에서 특정한 덕의 실천이 전반적으로 약화될 때, 환경의 불균형을 비롯하여 많은 불균형이 일어납니다. 그러므로 생태계의 통합만을 이야기하는 것으로는 충분하지 않습니다. 우리는 인간 삶의 통합에 대하여 당당히 이야기하고, 모든 위대한 가치들을 촉진하고 결합해야 할 필요성을 당당하게 말해야 합니다. 우리가 겸손하지 못하고 인간이 아무런 제한 없이 모든 것을 지배할 수 있는 능력을 과신하게 되면 결국 사회와 환경에 해를 입히게 될 뿐입니다. 우리가 우리 자신을 자립적 존재로 여기고, 우리의 삶에서 하느님을 배제하고 우리의 자

아를 그 자리에 앉히면, 그리고 무엇이 선한지 무엇이 악한지를 규정하는 우리의 주관을 믿는다면, 앞에서 말한 건전한 겸손이나 행복한 절제의 증진이 쉽지 않을 것입니다.

225. 더 나아가, 어느 누구도 스스로 평화롭지 않고서는 절제하면서도 만족한 삶을 이룩할 수 없습니다. 영성에 대한 바른 이해는 평화가 전쟁이 없는 상태보다 더 넓은 의미를 지닌 것으로 보는 것과 부분적으로 관련됩니다. 내적 평화는 생태계 보호와 공동선과 밀접한 관련이 있습니다. 제대로 이루어진 내적 평화는, 삶의 깊이로 이끄는 경탄의 능력이 함께하는 조화로운 생활 양식에 반영됩니다. 자연은 사랑의 언어로 넘치지만, 소음이 계속되고 근심과 혼란이 이어지며 겉모습만이 숭배된다면 어떻게 우리가 그에 귀를 기울일 수 있겠습니까? 오늘날 많은 사람은 부조화를 느낍니다. 그래서 사람들은 늘 서두르면서 마치 자신이 뭔가를 이룩하고 있다고 느끼고자 일을 최대한 빨리 처리합니다. 그런데 그러다 보면 사람들은 다시 주변을 엉망으로 만들어 버립니다. 이는 환경에 대한 태도에도 영향을 미칩니다. 통합 생태론에는 피조물과 평온한 조화를 되찾고, 우리의 생활 양식과 이상에 대하여 성찰하며, 우리 가운데 그리고 우리를 둘러싼 것들 안에 살아 계신 창조주를 바라보는 데에 시간을 할애하는 것이 포함됩니다. 그분의 현존은 "만들어지는 것이 아니라 발견되고 드러나야 하는 것입니다."[155]

---

155. 「복음의 기쁨」, 71항.

226. 우리는 태도에 대하여 말하고 있습니다. 이는 차분한 태도로 살아가고, 앞으로 일어날 일을 걱정하지 않고 지금 누군가와 온전히 함께할 수 있으며, 순간순간을 하느님의 선물로 여겨 충만하게 살아가려는 마음가짐입니다. 예수님께서 우리에게 들에 핀 나리꽃과 하늘의 새들을 바라보라고 권유하셨을 때나, 당신께 질문하는 부자 청년을 "사랑스럽게 바라보시며"(마르 10,21) 말씀하셨을 때에 예수님께서는 그러한 자세를 가르쳐 주신 것입니다. 예수님께서는 모든 인간과 피조물과 온전히 함께 계시면서, 우리를 피상적이고 공격적이며 충동적인 소비자로 만드는 병적인 불안을 극복하는 방법을 우리에게 보여 주셨습니다.

227. 식사 전후에 잠시 하느님께 감사드리는 것이 이러한 태도를 표현하는 한 가지 방법입니다. 저는 모든 신자가 이 소중한 관습을 다시 받아들여 내면화하기를 바랍니다. 비록 짧지만 이러한 축복받은 시간은 우리의 생명을 하느님께 의존하고 있음을 상기시켜 줍니다. 또한 우리에게 피조물을 선물하신 것에 대하여 더 깊은 감사의 마음을 갖도록 해 주고, 노동을 통하여 이 음식을 우리에게 마련해 준 이들을 떠올리게 하며, 가장 궁핍한 이들과의 연대를 재확인시켜 줍니다.

V. 시민적이고 정치적인 사랑

228. 자연을 돌보는 일은, 더불어 사는 삶과 친교의 능력을 포함하는 생활 양식의 일부입니다. 예수님께서는 하느님께서 우리 모두

의 아버지이시며 그래서 우리가 형제자매임을 일깨워 주셨습니다. 형제적 사랑은 무상의 것이어야만 하며 결코 누군가가 해 준 것 또는 앞으로 해 줄 것에 대한 보답일 수 없습니다. 그래서 원수를 사랑하는 것이 가능한 것입니다. 바로 이 무상성은 우리가 바람과 태양과 구름을 통제할 수 없어도 그들을 사랑하고 받아들이게 합니다. 이러한 까닭에 우리는 **보편적 형제애**를 논할 수 있습니다.

229.   우리는 서로를 필요로 하고, 타인과 세상에 대한 책임이 있으며, 착하고 성실한 것이 가치 있음을 다시 깨달아야 합니다. 우리는 이미 너무 오랫동안 윤리, 선, 신앙, 정직을 비웃으며 도덕적 타락의 상태에 놓여 있었습니다. 이제 우리는 그러한 쾌락적 피상성이 우리에게 아무런 보탬이 되지 않는다는 것을 깨달아야 합니다. 사회생활의 기초가 무너지면, 인간이 개인적 이익을 지키려고 서로 다투게 되고, 새로운 형태의 폭력과 잔인함이 발생하며, 환경 보호를 위한 참다운 문화의 증진이 저해됩니다.

230.   리지외의 성녀 데레사의 모범은 평화와 우정의 씨앗을 뿌리는 친절한 말, 미소, 모든 작은 몸짓을 소홀히 하지 말고 사랑의 작은 길로 나아가라고 우리를 초대합니다. 또한 통합적 생태는 폭력, 착취, 이기주의의 논리를 타파하는 단순한 일상 행위로 이루어집니다. 이와는 반대로, 광란의 소비 세계는 모든 형태의 생명을 착취하는 세계이기도 합니다.

231.   서로를 돌보는 작은 몸짓으로 넘치는 사랑은 또한 사회적

정치적 사랑이 되며, 더 나은 세상을 건설하고자 하는 모든 행동으로 드러납니다. 사회에 대한 사랑과 공동선에 대한 투신은 개인들 간의 관계뿐만 아니라 "사회, 경제, 정치 차원의 거시적 관계"[156]에도 영향을 주는 애덕의 탁월한 표현입니다. 그래서 교회는 세상에 "사랑의 문명"[157]이라는 이상을 제시한 것입니다. 사회적 사랑은 참다운 진보를 위한 열쇠입니다. "더욱 인간답고 더욱 인간에게 걸맞은 사회를 만들려면 사회생활 — 정치, 경제, 문화 — 에서 사랑에 새로운 가치를 부여해야 하며, 사랑이 지속적으로 모든 활동의 최고 규범이 되어야 합니다."[158] 이러한 맥락에서, 일상의 작은 몸짓들의 중요성과 더불어 사회적 사랑이 우리를 이끌어 우리가 환경 훼손을 효과적으로 막고 **돌봄의 문화**가 온 사회에 스며들도록 장려합니다. 이 사회적 역동성 안에 다른 이들과 함께 참여하라는 하느님의 부르심을 인식하는 사람은 그것이 자신의 영성에 속하는 것이고 사랑의 실천이며, 이를 통하여 자신이 성숙하고 거룩하게 된다는 것을 깨달아야 합니다.

232.   모든 이가 정치를 직접 하라는 소명을 받은 것은 아닙니다. 그러나 자연과 도시의 환경을 보호하면서 공동선을 위하여 활동하는 수많은 다양한 단체들이 사회 안에서 꽃피고 있습니다. 예를 들어, 어떤 단체는 건물, 분수, 방치된 기념물, 경관, 광장과 같은 공공장소에 대한 관심을 보이며 모든 사람에게 속한 것의 보호, 청

---

156. 「진리 안의 사랑」, 2항.
157. 바오로 6세, 1977년 세계 평화의 날 담화, *AAS* 68(1976), 709면.
158. 『간추린 사회 교리』, 582항.

결, 개선, 미화를 위하여 노력합니다. 이들 주변에서는 유대가 수립되거나 회복되며 새로운 지역 사회 관계망이 형성됩니다. 이러한 방식으로 공동체는 소비주의적 무관심에서 벗어날 수 있습니다. 여기에는 공동 정체성, 곧 보존과 전달이 이루어지는 역사가 형성됩니다. 이러한 방식으로 사람들은 연대 의식을 가지고 세상과 가장 가난한 이들의 삶의 질을 돌보는 것입니다. 이는 하느님께서 우리에게 맡기신 집에서 우리가 더불어 살아간다는 의식이기도 합니다. 이러한 공동체 활동은 자기 자신을 내주는 사랑을 표현할 때에 강렬한 영적 체험이 될 수 있습니다.

VI. 성사의 표징들과 안식의 거행

233.   세상은 모든 것을 완전히 다 채워 주시는 하느님 안에서 펼쳐집니다. 따라서 나뭇잎, 길, 이슬, 가난한 이의 얼굴에 신비가 담겨 있습니다.[159] 이상적 관상은 영혼 안에서 하느님의 활동을 찾고자 밖에서 안으로 들어가는 것뿐만 아니라, 모든 사물 안에서 하느님을 만나는 데에 이르는 것입니다. 보나벤투라 성인은 다음과 같이 우리에게 가르쳐 줍니다. "우리 마음속에서 이루어지는 하느님

---

159. 수피 영성가 알카하바스(Ali al-Khawas)는 자신의 체험을 통하여, 하느님에 대한 내적 체험을 세상의 피조물과 지나치게 분리시키지 말아야 할 필요가 있다고 강조하며 다음과 같이 말하였다. "이 세상의 모든 움직임과 소리에는 미묘한 신비가 담겨 있습니다. 초심자들도 불어오는 바람과 흔들리는 나뭇가지, 흐르는 물과 윙윙대는 파리들, 삐걱거리는 문과 새들의 지저귐 안에서, 또 울리는 현악기와 피리 소리, 병자의 탄식과 고통받는 이의 신음 안에서 그 신비를 간파하게 됩니다.", 비트라이 마이에로비치(Eva De Vitray-Meyerovitch) 편집, 『수피즘 선집』(Anthologie du Soufisme), 파리, 1978, 200면.

은총의 활동을 더 깊이 느끼고 외부의 피조물들에서 하느님을 만나는 법을 더 잘 이해하면 관상이 더 완전해집니다."[160]

234. 십자가의 요한 성인의 가르침대로, 이 세상 실재들과 경험들 안에 있는 모든 선함은 "하느님 안에 탁월하게 무한히 현존합니다. 더 정확하게는, 이 숭고한 실재들 하나하나 안에 하느님께서 계시는 것입니다."[161] 이는 이 세상의 유한한 것들이 실제로 신적이기 때문이 아니라, 그 영성가는 하느님과 모든 존재 사이의 그 긴밀한 유대를 체험하고 이로써 "그에게는 모든 것이 하느님"[162]이라고 느껴지기 때문입니다. 산의 웅장함에 경외를 느끼는 이는 이 경험을 하느님과 따로 떼어 생각할 수 없고 자신이 체험하는 이 내적 경탄을 주님께 바쳐야 한다는 것을 깨닫게 됩니다. "산들마다 정상이 있고, 높고 장엄하며 아름답고 매력적이며 꽃이 만발하고 향기가 넘칩니다. 이 산들은 제가 사랑하는 그분과 같습니다. 외딴 계곡들은 고요하고 아늑하며 시원하고 그늘져 신선한 물이 흘러넘칩니다. 그곳은 다채로운 식물과 아름다운 새소리로 인간의 감각에 깊은 휴식과 아늑함을 주고, 우리가 고독과 고요 안에서 기운을 북돋우고 휴식하도록 해 줍니다. 이 계곡들은 제가 사랑하는 그분과 같습니다."[163]

---

160. 보나벤투라, 「제2명제집」(*In II Sent.*), 23, 2, 3.
161. 십자가의 요한, 「영혼의 노래」(*Cantico Espiritual*), XIV, 5.
162. 「영혼의 노래」, XIV, 5.
163. 「영혼의 노래」, XIV, 6-7.

235. 성사들은 하느님께서 어떻게 자연을 받아들이시어 초자연적 생명을 전달해 주시는 수단으로 삼으시는지를 보여 주는 특권적인 방식입니다. 경신례를 통하여 우리는 세상을 또 다른 차원에서 받아들이도록 초대됩니다. 물, 기름, 불, 색깔은 그 모든 상징적 힘을 지니게 되어 우리의 찬미에 포함됩니다. 강복하는 손은 하느님 사랑의 도구로 삶의 여정에 우리와 함께하시고자 오신 예수 그리스도의 친밀함을 반영합니다. 세례 때에 어린이 몸에 붓는 물은 새 생명의 표징입니다. 우리가 하느님을 만난다고 해서 세상을 도피하거나 자연을 부인하는 것이 아닙니다. 이는 특히 동방 그리스도교 영성에서 분명히 알 수 있습니다. "동방에서 가장 사랑받는 말의 하나인 아름다움은 하느님의 일치와 변모된 인간의 전형을 표현하기 위해 어디서나 나타나고 있습니다. 교회의 모습에서, 소리에서, 색깔에서, 빛에서, 향기에서 그 아름다움이 나타납니다."[164] 그리스도인들에게 물질세계의 모든 피조물은 강생하신 말씀 안에서 그 참된 의미를 찾습니다. 하느님의 아드님께서 몸소 물질세계의 일부를 취하시고 궁극적인 변화의 씨앗을 세상 안에 심어 주셨기 때문입니다. "그리스도교는 물질을 거부하지 않습니다. 오히려 육체성은 전례 행위 안에서 그 가치를 온전히 평가받습니다. 전례에서 인간의 몸은 성령의 성전으로서 그 내적 본질을 드러내며, 세상의 구원을 위하여 육신을 취하신 바로 주 예수님과 결합됩니다."[165]

---

164. 요한 바오로 2세, 교황 교서 「동방의 빛」(*Orientale Lumen*), 1995.5.2., 11항, 한국천주교중앙협의회, 『가톨릭 교회의 가르침』 5호(1995), 13면, *AAS* 87 (1995), 757면.

165. 「동방의 빛」, 11항.

236. 피조물들은 성찬례 안에서 가장 탁월하게 드높여집니다. 감각적인 방식으로 직접 드러나는 경향이 있는 은총은, 하느님께서 몸소 사람이 되시어 피조물들에게 당신 자신을 양식으로 내어 주실 때 최상의 표현에 이릅니다. 주님께서는 강생의 신비의 정점에서 작은 물질을 통하여 우리 내면 깊은 곳에 가닿고자 하셨습니다. 그분께서는 위에서가 아니라 안에서 오셔서 우리가 이 세상에서 당신을 만날 수 있게 하십니다. 성찬례 안에서 이미 완성이 이루어지고, 그 안에는 세상의 핵심, 사랑과 생명이 무한히 넘쳐흐르는 중심이 있습니다. 성찬례 안에 현존하시는 강생하신 하느님의 아드님과 하나 되어 온 우주가 하느님께 감사를 드립니다. 사실 성찬례는 그 자체로 우주적 사랑의 행위입니다. "그렇습니다. 참으로 우주적입니다! 성찬례는 시골 성당의 초라한 제대에서 거행될 때에도 어떤 면에서는 늘 **세상의 제대**에서 거행되기 때문입니다."[166] 성찬례는 하늘과 땅을 이어 줍니다. 성찬례는 모든 피조물을 품고 그 안에 스며듭니다. 하느님의 손에서 나온 세상이 복되고 온전한 경신례로 하느님께 되돌아갑니다. 성찬의 빵 안에서 "창조는 성화를 향하여, 거룩한 혼인 잔치를 향하여, 바로 창조주와 이루는 일치를 향하여 나아갑니다."[167] 따라서 성찬례는 또한 환경에 대한 우리의 관심을 위한 빛의 원천이며 동기로 우리가 모든 피조물의 관리자가 되도록 이끌어 줍니다.

---

166. 요한 바오로 2세, 회칙 「교회는 성체성사로 산다」(*Ecclesia de Eucharistia*), 2003.4.17., 8항, 한국천주교중앙협의회, 『가톨릭 교회의 가르침』 25호(2003), 5면, *AAS* 95(2003), 438면.
167. 베네딕토 16세, 그리스도의 성체 성혈 대축일 미사 강론, 2006.6.15., *AAS* 98(2006), 513면.

237. 주일 성찬례 참여는 특별한 중요성을 지닙니다. 주일은 유다교의 안식일처럼, 우리가 하느님과의 관계, 우리 자신과의 관계, 다른 피조물과의 관계, 세상과의 관계를 치유하는 날로 지내야 합니다. 주일은 부활의 날, 새 창조의 '첫날'입니다. 이 새 창조의 맏배는 주님의 부활하신 인성으로 피조 세계 전체의 결정적 변모에 대한 약속입니다. 나아가 주일은 "인간이 하느님 안에서 누릴 영원한 안식"[168]을 선포합니다. 이러한 방식으로, 그리스도교 영성은 안식의 가치와 축제의 가치를 결합시킵니다. 관상하는 안식이 비생산적이며 불필요한 것으로 폄하되는 경향이 있는데, 이는 우리가 수행하는 노동에서 가장 중요한 것, 곧 그 의미를 없애 버리는 것입니다. 우리는 수용성과 무상성의 차원을 우리의 노동 안에 포함시키라는 요청을 받습니다. 이는 단순히 아무런 활동을 하지 않는 것과는 다릅니다. 오히려 또 다른 방식의 활동으로서, 우리 본질의 일부를 이루는 것입니다. 이는 인간의 활동을 공허한 행동주의로부터 보호합니다. 또한 우리가 배타적 개인적 이득만을 추구하도록 이끄는 끝없는 탐욕과 고립감을 막아 줍니다. 안식일 율법은 이렛날 일하는 것을 금하였습니다. "이는 너희 소와 나귀가 쉬고, 너희 여종의 아들과 이방인이 숨을 돌리게 하려는 것이다"(탈출 23,12). 안식은 우리가 더 넓은 시각으로 다른 이들의 권리를 새롭게 인식할 수 있게 해 줍니다. 이처럼 성찬례를 중심으로 하는 안식일은 주간 전체에 빛을 비추고 우리가 자연과 가난한 이에게 더 큰 관심을 기울이도록 고무합니다.

---

168. 『가톨릭 교회 교리서』, 2175항.

Ⅶ. 삼위일체와 피조물들의 상호 관계

238. 성부께서는 모든 것의 궁극적 원천이시고, 존재하는 모든 것의 토대가 되시어 당신 자신을 알려 주시는 자애로우신 분이십니다. 성부의 모습을 드러내시는 성자를 통하여 만물이 창조되었으며, 성자께서는 마리아의 태중에서 사람이 되시어 당신 자신을 이 땅과 결합시키셨습니다. 무한한 사랑의 끈이신 성령께서는 세계의 중심 깊이 현존하시면서 새로운 길에 영감과 힘을 불어넣어 주십니다. 세상은 하나의 신적 근원이신 삼위께서 창조하셨는데, 각 위격은 각자의 고유성에 따라 이 공동 사업을 이루셨습니다. 따라서 "세계를 그 장엄함과 아름다움에 경탄하며 관상할 때, 우리는 온전하신 삼위일체께 찬미를 드리지 않을 수 없습니다."[169]

239. 삼위일체의 친교를 이루시는 한 분이신 하느님을 믿는 그리스도인들은 삼위께서 모든 실체 안에 그 표징을 남겨 두셨다고 생각합니다. 보나벤투라 성인은 인류가 원죄 이전에는 각 피조물이 어떻게 "하느님께서 삼위이심을 입증하는지" 알 수 있었다고 단언하기도 하였습니다. "그 [자연이라는] 책이 인간에게 열리고 우리 눈이 아직 어두워지지 않았을 때에는"[170] 자연 안에 삼위일체가 반영되어 있음을 알 수 있었습니다. 프란치스코 수도회의 이 성인은

---

169. 요한 바오로 2세, 「교리 교육」, 2000.8.2., 4항, 『요한 바오로 2세의 가르침』, 23/2(2000), 112.
170. 보나벤투라, 「삼위일체의 신비에 관한 논쟁 문제」(*Quaest. disp. de Myst. Trinitatis*), 1, 2 concl.

모든 피조물은 그 안에 고유한 삼위일체 구조를 담고 있으며 실제로 인간의 시야가 그토록 좁고 어둡고 취약하지 않았다면 이를 쉽게 볼 수 있었을 것이라고 우리에게 가르쳐 줍니다. 이렇게 그는 삼위일체의 열쇠로 현실을 읽도록 노력하라고 우리를 채근합니다.

240.   거룩한 위격들은 실체적 관계이고 하느님의 계획에 따라 창조된 세상은 하나의 관계망입니다. 피조물들은 하느님을 향하는 경향이 있고, 또한 모든 생명체는 다른 것을 향하는 경향이 있기도 하기에, 우리는 온 세상에 드러나지 않게 뒤얽혀 있는 많은 지속적 관계들을 찾아볼 수 있습니다.[171] 이는 우리가 이 피조물들 사이에 존재하는 다양한 유대에 대하여 경탄할 뿐만 아니라 우리 자신의 실현을 위한 열쇠를 발견하도록 이끕니다. 실제로 인간은 자신에게서 벗어나 하느님, 타인, 모든 피조물과 친교를 이루어 살면서 관계를 맺을수록 더욱 성장하고 성숙하며 거룩해집니다. 이러한 방식으로, 인간은 창조되었을 때부터 하느님께서 그 내면에 새겨 주신 삼위일체의 역동성을 받아들입니다. 모든 것은 연결되어 있기에, 우리는 우리가 삼위일체의 신비에서 흘러나오는 세계적 연대의 영성을 기르도록 초대됩니다.

Ⅷ. 모든 피조물의 모후

241.   예수님을 돌보신 성모 마리아께서 이제 이 상처 입은 세상

---

171. 「신학 대전」, I, q.11, art.3; q.21, art.1, ad.3; q.47, art.3 참조.

을 모성애로 함께 아파하며 돌보십니다. 성모님께서는, 꿰찔린 마음으로 예수님의 죽음을 애통해하신 것처럼 핍박받는 가난한 이들과 인간의 힘으로 황폐해진 이 세상의 피조물 때문에 지금도 슬퍼하고 계십니다. 완전히 변모하신 성모님께서는 이제 예수님과 함께 사시고, 모든 피조물은 그분의 아름다움을 노래합니다. 성모님께서는 "태양을 입고 발밑에 달을 두고 머리에 열두 개 별로 된 관을 쓴"(묵시 12,1) 여인이시며 하늘로 들어 올려지시어 모든 피조물의 모후가 되십니다. 영광스러운 몸이 되신 성모님께서는 부활하신 그리스도와 함께 계시며, 피조물이셨던 분으로서 그 완전한 아름다움에 이르게 되셨습니다. 성모님께서는 예수님의 온 생애를 마음속에 깊이 간직하셨을 뿐만 아니라(루카 2,19.51 참조), 이제는 모든 것의 의미를 이해하십니다. 그래서 우리는 이 세상을 더 지혜로운 눈으로 볼 수 있게 우리를 도와주시도록 성모님께 간청할 수 있는 것입니다.

242. 나자렛의 성가정에서 마리아의 곁에는 요셉 성인이 있습니다. 요셉 성인은 노동하는 자애로운 삶으로 마리아와 예수님을 돌보고 보호하며 이집트로 모셔 가서 불의한 이들의 폭력에서 벗어나시도록 해 주었습니다. 복음은 요셉을 의롭고 근면하며 강인한 사람으로 소개합니다. 그러나 성인은 깊은 자애도 보여 주는데 이는 약한 사람이 아니라 참으로 강한 사람의 특징입니다. 그런 사람은 현실에 주의를 기울이면서 겸손하게 사랑하고 봉사합니다. 이러한 연유로, 요셉 성인이 보편 교회의 수호자로 선포된 것입니다. 성인은 우리에게 돌보는 법을 가르쳐 줄 수 있습니다. 하느님께서 우리에게 맡기신 이 세상을 우리가 자애롭고 온유하게 돌보도록 요셉

성인이 영감을 줄 수 있는 것입니다.

Ⅸ. 태양 너머

243. 마침내 우리는 하느님의 한없는 아름다움을 얼굴을 맞대
듯 마주할 것이고(1코린 13,12 참조) 세상의 신비를 경탄하고 기뻐하
며 이해하게 될 것입니다. 그때에는 우주도 우리와 함께 그 무한한
충만에 함께할 것입니다. 그렇습니다. 우리는 지금도 영원의 안식일
을 향하여, 새 예루살렘을 향하여, 하늘 나라에 있는 공동의 집을
향하여 나아가는 여정에 있습니다. 예수님께서는 이렇게 말씀하십
니다. "내가 모든 것을 새롭게 만든다"(묵시 21,5). 영원한 삶은 우리
가 함께 나누는 하나의 경이가 될 것입니다. 그 삶 속에서 눈부시
게 변모된 피조물들은 자신의 자리를 찾고, 궁극적으로 해방된 가
난한 이들에게 어떤 이바지를 하게 될 것입니다.

244. 그날이 올 때까지 우리는 세상에 있는 좋은 것은 모두 하
늘 나라의 잔치에도 받아들여질 것임을 인식하여 우리에게 맡겨진
이 집을 돌보는 데에 일치해야 합니다. 우리는 모든 피조물과 함께
하느님을 찾아 이 땅에서 걸어가고 있습니다. "이 세상에 시작이 있
다면 또 세상이 창조된 것이라면, 우리는 시작하신 분, 창조주이신
분을 찾아야 하기"[172] 때문입니다. 노래하며 걸어갑시다! 이 지구를
위한 우리의 투쟁과 염려가 결코 우리 희망의 기쁨을 앗아 가지 못

---

172. 대 바실리오, 「6일 창조에 관한 강론」, I, 2, 6, *PG* 29, 8.

합니다.

245. 우리 자신을 온전히 바치고 아낌없이 내어 주라고 권유하시는 하느님께서 우리가 앞으로 나아가는 데에 필요한 힘과 빛을 주십니다. 우리를 매우 사랑하시는 생명의 주님께서는 늘 이 세상 중심에 현존하십니다. 그분께서는 우리를 버리지 않으시고, 우리를 홀로 두지 않으십니다. 그분께서 몸소 이 땅과 궁극적으로 결합하셨고, 그분의 사랑은 우리가 새로운 길을 찾게 언제나 우리를 이끌기 때문입니다. 주님, 찬미받으소서!

＊　　＊　　＊

246. 기쁨과 고뇌가 담긴 이 긴 성찰을 마치며, 저는 두 가지 기도를 바치기를 제안합니다. 하나는, 전능하신 창조주 하느님을 믿는 모든 이와 함께 드릴 수 있는 기도이고, 다른 하나는, 우리 그리스도인들이 예수님의 복음이 제시하는 피조물에 대한 책임을 받아들이도록 청하는 기도입니다.

우리의 지구를 위한 기도

전능하신 하느님,
하느님께서는 온 세계에 계시며
가장 작은 피조물 안에 계시나이다.
존재하는 모든 것을 온유로 감싸 안으시는 하느님,
저희에게 사랑의 힘을 부어 주시어
저희가 생명과 아름다움을 돌보게 하소서.
저희가 평화로 가득 차
한 형제자매로 살아가며
그 누구에게도 해를 끼치지 않게 하소서.

오, 가난한 이들의 하느님,
저희를 도와주시어
저희가 하느님 보시기에 참으로 소중한 이들,
이 지구의 버림받고 잊힌 이들을 구하게 하소서.
저희 삶을 치유해 주시어
저희가 이 세상을 약탈하지 않고 보호하게 하시며
오염과 파괴가 아닌 아름다움의 씨앗을 뿌리게 하소서.
가난한 이들과 지구를 희생시키면서
이득만을 추구하는 이들의 마음을 움직여 주소서.
저희가 하느님의 영원한 빛으로 나아가는 여정에서
모든 것의 가치를 발견하고
경외로 가득 차 관상하며

모든 피조물과 깊은 일치를 이루고 있음을 깨닫도록
저희를 가르쳐 주소서.
하느님, 날마다 저희와 함께해 주시니 감사드리나이다.
비오니, 정의와 사랑과 평화를 위한 투쟁에서
저희에게 힘을 주소서.

그리스도인들이 피조물과 함께 드리는 기도

하느님 아버지,
모든 피조물과 함께 찬미하나이다.
전능하신 성부께서 손수 빚으신
모든 피조물은 아버지의 것이고
아버지의 현존과 자애로 충만하나이다.
찬미받으소서!

하느님의 아드님이신 예수님,
만물이 당신을 통하여 창조되었나이다.
성자께서는 성모 마리아께 잉태되시어
이 땅에 속하셨으며
인간의 눈으로 이 세상을 바라보셨나이다.
성자께서는 오늘도 당신 부활의 영광 안에서
모든 피조물 안에 살아 계시나이다.
찬미받으소서!

성령님, 성령께서는 당신의 빛으로
이 세상을 아버지의 사랑으로 이끄시며
고통 가운데 신음하는 피조물과 함께하시나이다.
성령께서는 또한 저희 마음 안에 머무르시며
저희를 선으로 이끄시나이다.
찬미받으소서!

삼위일체이신 주 하느님,
무한한 사랑의 놀라운 공동체를 이루시니
만물이 하느님을 이야기하는 세상의 아름다움 안에서
저희가 하느님을 바라보도록 가르쳐 주소서.
하느님께서 창조하신 모든 존재를 통하여
저희의 찬미와 감사를 일깨워 주소서.
존재하는 모든 것과 친밀한 일치를 느끼도록
저희에게 은총을 내려 주소서.

사랑의 하느님,
이 세상에 저희에게 맞갖은 자리를 보여 주시어
저희가 이 땅에 있는 모든 것을 위한
하느님 사랑의 도구가 되게 하소서.
하느님께서 기억하지 않으시는 존재는
하나도 없기 때문이옵니다.
권력과 재물을 가진 이들을 깨우치시어
무관심의 죄에 떨어지지 않게 하시고
공동선을 사랑하며 약한 이들을 도와주고
저희가 살아가는 이 세상을 돌보게 하소서.
가난한 이들과 지구가 부르짖고 있나이다.

주님,
주님의 힘과 빛으로 저희를 붙잡아 주시어
저희가 모든 생명을 보호하며

더 나은 미래를 마련하여
정의와 평화와 사랑과 아름다움의
하느님 나라가 오게 하소서.
찬미받으소서!
아멘.

로마 성 베드로좌에서
교황 재위 제3년
2015년 5월 24일
성령 강림 대축일

Francesco

프란치스코

Ề

Vaticano, 16 giugno 2015

Caro fratello:

Nel vincolo dell'unità, della carità e
della pace (L.G. 22) in cui viviamo come Vescovi,
ti invio mia lettera "Laudato si" sulla cura
della nostra casa comune, accompagnata della
mia benedizione.

Uniti nel Signore, e per favore non
dimenticarti di pregare per me.

Francesco

회칙 「찬미받으소서」 반포에 관한 프란치스코 교황의 메모

사랑하는 형제 주교님,
우리가 주교로서 실천하고 있는
"일치와 사랑과 평화의 유대"(교회 헌장 22항)로
저는 '공동의 집을 돌보는 것에 관한'
저의 회칙 「찬미받으소서」(*Laudato Si'*)를
저의 진심 어린 교황 강복과 함께 보내 드립니다.
주님 안에서 하나 되어
저를 위하여 기도해 주시기 바랍니다.

2015년 6월 16일 바티칸에서

프란치스코